Les pirates

Petite Bibliothèque Payot/Voyageurs 55

Gilles Lapouge
Les pirates

Forbans, flibustiers, boucaniers
et autres gueux de mer

Cet ouvrage est paru pour la première fois
aux Éditions Phébus dans la collection
« D'ailleurs » dirigée par Jane Sctrick.

Note de l'éditeur

S'intéresser aux pirates : est-ce bien sérieux ?... Peut-on fonder une telle curiosité sur autre chose qu'un attachement compulsif à la panoplie de l'enfance, laquelle emprunte volontiers à l'attirail de toutes les corporations violentes : cow-boys qui tirent plus vite que leur ombre... mousquetaires experts en la manière de larder le premier quidam venu... aventuriers peu regardants sur les moyens de parvenir aux fins les plus désolantes. Et le cas s'aggrave dès lors qu'il s'agit de piraterie justement, sujet anachronique s'il en est — comme ne manquent pas de penser ceux qui n'ont pas encore lu ce livre, lequel leur réserve quelques surprises.

Plaidons pour le coupable, encore que son livre le fasse fort bien sans aide aucune : l'on s'étonne simplement que, publié voici près de vingt ans, celui-ci ait échappé à tant de lecteurs en peine d'émerveillement. Il est vrai que le siècle n'est pas chiche de telles erreurs de perspective. Disons que celle-ci nous semble à corriger d'urgence.

Et d'abord, en quel honneur nos naïvetés enfantines, passées en contrebande par-delà la frontière de l'âge dit adulte, seraient-elles forcément vouées à l'insignifiance? Sous le prétexte de leur niaiserie? La philosophie, la religion, la conduite des États, passe-temps fort graves à ce qu'on dit, font depuis toujours la part belle à cette dernière vertu — et à quelques sanglantes sottises outre cela, dont la chronique n'est certes pas glorieuse. L'on se doit pourtant de parler de ces nobles choses (promptes à dégénérer en nobles causes) en se haussant du col, et il nous faut, d'un siècle à l'autre, un Chamfort, un Nietzsche ou un Cioran pour nous rappeler sur ce point à quelque décence, à quelque ironie. Dans ces mêmes temps, par d'autres voies, Rousseau, Nerval ou le bon Docteur Freud nous suggéraient que les sources obscures de l'esprit, allassent-elles même se nicher dans des régions réputées vulgaires ou honteuses, n'étaient peut-être pas indignes d'étancher tant soit peu cette soif centrale, inextinguible, qui paraît être le caractère dominant de notre espèce.

Même le léger Mérimée semble avoir eu vaguement conscience de cela, qui ose écrire, bravant la condescendance peinée des doctes : « *Je suis de ceux qui goûtent fort les bandits, non que j'aime à les rencontrer sur mon chemin; mais, malgré moi, l'énergie de ces hommes en lutte contre la société tout entière m'arrache une admiration dont j'ai honte.* » *Notons au passage que les aveux essentiels sont ici lâchés : désir secret de partir* en lutte *(contre la société, le pouvoir, tous les pouvoirs),* admiration *(à l'endroit des réprouvés qui osent se livrer à cette guerre),* honte *enfin (provoquée par cette admiration déplacée).*

On se persuadera vite, à suivre Gilles Lapouge dans les méandres de son exploration, qu'il n'est pas sans fruit d'emprunter – pourvu que le guide soit sûr – les chemins de l'inconvenance ou du « délire ». Toutes les époques se méfient pourtant de ces écarts mal famés que l'art s'emploie à réduire au nom du Beau et du Vrai. Toutes les époques aussi, par bonheur, ne cessent, par mille biais incongrus, de mettre en pièces ces belles et justes normes, que d'indéfectibles saboteurs font sauter avec une sauvagerie de bien mauvaise éducation, encore que des plus réjouissantes, dans une superbe explosion de sang, d'excrément, d'inceste, et de crime. Ces champions du mauvais goût impénitent ont nom Eschyle, Rabelais, Shakespeare ou Baudelaire (Le Corsaire-Satan, quel programme!). Chacun d'eux ne dit pas autre chose que ce que cherchent à nous faire entendre, à leur brutale et lumineuse façon, tous ceux qui, depuis la nuit des temps, ont pris le large par haine de ce monde – et peut-être par amour de ce qu'il aurait pu être s'il avait été fabriqué par un autre Ouvrier.

Car le pirate, Lapouge y insiste avec pertinence, se distingue des autres mauvais garçons qui partout abondent par son refus de jouer son rôle sur le théâtre habituel de la crapulerie : ce « plancher des vaches » où la gloriole et la misère humaines se donnent tout uniment en spectacle. Truands et malfrats ordinaires ont en effet ceci de commun avec les honnêtes gens qu'ils agissent à l'intérieur de la société et sont, partant, justiciables de ses lois. Au lieu que le pirate, quels que soient les actes dont il se recommande en mal ou en bien, tient d'abord à faire savoir qu'il se situe « en dehors » – et le plus loin possible.

Il y a quelques années de cela (lorsque parut le

présent ouvrage), l'on nous eût prié, à ce point de notre argumentation, de mettre notre discours à l'imparfait, bref de le décliner, au bénéfice de la plus élémentaire objectivité, sur le mode d'un passé révolu. Qui donc en effet, hormis l'incorrigible Lapouge, aurait osé soutenir alors que la piraterie, pratique universelle dirigée moins contre les hommes que contre leur Histoire, était nécessairement de tous les temps — et du nôtre aussi bien. On l'eût invité (et sans doute notre auteur se l'entendit-il rappeler sans trop de ménagement) à chausser de meilleures lunettes et à considérer que pirates, forbans des sept mers et autres flibustiers, loin de pouvoir prétendre servir à l'édification de notre époque, étaient plutôt à ranger au magasin des figures désormais sans emploi.

Ce qui n'a pas empêché Lapouge de persister et de signer, au risque de passer d'abord pour un hurluberlu... de talent certes, de belle érudition aussi, nul ne le contestait, mais un peu trop enclin à se complaire dans une nostalgie de douteux aloi.

Et puis l'Histoire, qui ne dort jamais que d'un œil, a remis les pendules à l'heure. Des mers de Chine parvinrent soudain à nos oreilles modernes des bruits que l'on croyait avoir oubliés. Des pêcheurs dévoyés, à ce qu'on racontait, s'étaient mis à rançonner les bateaux de réfugiés qui hantaient ces parages. On parlait d'actes contre nature, de meurtres sauvages, de pillages, de viols perpétrés en pleine mer loin du regard des justes : en un mot de piraterie. Et cela se passait aujourd'hui, dans des eaux fréquentées quotidiennement par les cargos des cinq continents! La presse évoqua par le détail ces horreurs anachroniques (mais l'horreur est toujours d'un autre âge, ce qui permet aux hommes de s'en accom-

moder). On s'indigna contre ce retour de la barbarie – comme si la barbarie cessait jamais d'être à l'ordre du jour. On s'indigna aussi, mais brièvement, d'apprendre que les compagnies de navigation du monde entier, qui n'avaient pas de temps à perdre à jouer les saint-bernards, avaient discrètement donné ordre à leurs officiers d'ignorer quoi qu'il arrive les « épaves » qui sillonnaient ces mers troublées et de ne se dérouter vers elles sous aucun prétexte, fût-ce celui de leur porter secours. Comme quoi la société, toujours fidèle à ses préceptes de cruauté bien ordonnée (c'est-à-dire bien camouflée), donnera toujours raison aux pirates qui s'insurgent contre sa chiennerie... lesquels, en outre, ont au moins le mérite, en dépit de toute la monstruosité attachée à leurs crimes, de risquer la potence.

Ces événements qui, parmi beaucoup d'autres, entachent de façon peu plaisante l'image que notre temps cherche à donner de lui-même, confèrent au livre qu'on va lire une actualité qui donne tristement raison à l'auteur. Les quelques lecteurs enthousiastes qui, dès le début, en avaient goûté les charmes déconcertants n'avaient pas besoin de cela pour être conquis. Ils savaient d'expérience qu'on n'a jamais tort d'accuser le monde d'être fait de la pauvre étoffe que l'on sait... alors que nos rêves sont tissus de moire, de satin et d'or.

J.P.S.

Dieu tout-puissant! Il y a dans toute chose mauvaise une essence de bien pour les hommes qui savent la distiller.

SHAKESPEARE, Henry V

Pour nous, le libre lieu de mer, non ce
versant de l'homme usuel aveuglé d'astres
domestiques.

SAINT-JOHN PERSE

Comment écrire l'histoire d'un délire? Celui qui
emporte les navires pirates prend naissance dans la
nuit des origines, traverse toute l'histoire, s'éteint sur
les grèves du siècle dernier et cette mort est illusoire :
quelque chose de la terreur pirate continue de hanter
la terre comme nous reviennent des clartés de constellations. Les lueurs que lancent les bateaux noirs voyagent après qu'ils sont naufragés : en 1969, les chartes-
parties maritimes prévoient les actes que pourraient
commettre les « King's Enemies », « Pirates » et « Rob-
bers on The High seas » : Sur les rivages délivrés, le
gibet demeure.

Ce qui prouve que les armateurs et les compagnies
d'assurance ont bonne mémoire. Celle des artistes et
des écrivains est moins scrupuleuse. Defoe, Borges, Ste-
venson, Conrad, Melville ont dit ou pressenti la vérité
de la piraterie. Mais pour l'essentiel la littérature et le
cinématographe se sont ingéniés à ratatiner l'épopée
des marins enragés. Sur l'éclat de goudron des mers

17

où chassaient les forbans, ils ont déposé les brouillards et les ennuis de leur folklore. De cette inconnaissable saison en enfer, ils n'ont su relever que des épaves dérisoires : des jambes de bois et des bandeaux sur l'œil, des tromblons et des seins de belles captives, des pierreries et des doublons. Le pirate prend l'allure d'un accessoire pour le Châtelet ou le Grand Guignol. Les hautes, maléfiques, impénétrables figures de Lewis ou d'Avery rassurent comme des Ribouldingue ou des Filochard.

Elles mériteraient des soins plus purs. Les rêveries qu'elles gouvernent coulent dans des paysages lointains et funèbres. Un mouvement qui fut si obstiné, comment le réduire à sa parodie ? Et certes, on devine la raison de cette parodie. Elle fonctionne comme sortilège. Les hommes en attendent qu'elle conjure le vieil effroi mal oublié de la piraterie. Ils s'évertuent à évacuer de la mémoire du monde les ferments du long cauchemar : c'est que les images de ce cauchemar n'ont pas toutes sombré avec les derniers équipages de forbans.

L'aventure est pourtant close et nulle mâture inconnue ne croise plus dans les brumes et les scintillements des Tropiques. Mais les poisons ne sont point évaporés. Même éventée, cette peste est assez vive pour infecter nos conforts. Il nous revient aujourd'hui de goûter à ces poisons. On y peut chercher quelles nostalgies et quelles démesures, quels bonheurs fous et quels désirs ont alimenté l'interminable errance. Et pourquoi celle-ci parle encore de si près à nos cœurs et dans quelle langue natale ?

Cette histoire entretient de troubles relations à l'Histoire. Elle lui échappe, elle la pervertit et elle lui appartient. L'ordonnance de l'univers ne serait pas la nôtre si les pirates n'avaient pas mis tant de bâtons dans tant de roues. En 78, Jules César est un éphèbe parfumé. Banni par Sylla, il se rend à Rhodes à la fois pour se parfumer davantage et pour s'instruire dans l'art de l'éloquence à l'école d'Appollonius Mollo. Une compagnie de gredins le capture au large de la Carie, se retient à peine de l'étrangler. Supposons le Romain mort et comment l'Histoire s'y serait-elle prise pour boucher un aussi gros trou, comment la Gaule serait-elle tombée sous Rome? Et Brutus, se fût-il faufilé jusqu'à nos manuels scolaires? Et Cléopâtre, et Marc Antoine, se fussent-ils débrouillés pour dire malgré tout leurs répliques?

Il s'agit d'une rêverie. César a échappé à ses gardiens et la guerre des Gaules a eu lieu. Mais imaginons la Méditerranée sans les siècles barbaresques, ou bien le réseau des routes européennes si les pirates, en coupant la mer, n'avaient pas obligé les États à les tracer? Et l'Angleterre, si Elisabeth Ire n'avait pas régné sur Drake et ses détestables compagnons, comment eût-elle planté plus tard son pavillon sur les cinq continents? Ces interrogations ne sont pas futiles. Leur sens est que la piraterie appartient à l'Histoire comme un parasite à sa branche, plus secrètement comme le mal concourt au bien, comme Satan accomplit Dieu. La piraterie se loge dans les « fadings » de l'histoire. Que le discours universel se repose ou balbutie, vite, le discours désaccordé du forban place ses trois incongruités, mêle les cartes, revient à son silence. La conséquence est que nous savons tout sur l'épopée pirate : une bibliothèque de manuscrits en signale la trace, raconte des exploits inavouables, les infortunes des marchands, les ruses des princes.

Et pourtant, nous ne savons rien et la bibliothèque est vide. C'est que la piraterie, si elle reçoit vie de l'histoire, ne souhaite que de s'en délivrer. Quand les flibustiers prennent la mer, n'est-ce pas qu'ils fuient l'histoire à toutes voiles? Quitter la terre pour l'océan n'est pas une décision insignifiante : elle entraîne que l'on donne congé à la cité et à la société, au *Discours de la Méthode*, au temps des clepsydres ou des horloges, aux bornages, à l'équerre, à la truelle et au compas, aux fabriques et aux champs, au code civil et aux archives, aux ancêtres, aux enfants, au passé et au lendemain. Et qu'on remplace le décor de sa naissance par d'autres décors moins reconnus : l'espace vide et circulaire où l'homme n'a pas encore tracé ses géométries et ses villes, l'indifférencié, le temps sans couture de la lune et du soleil, le paysage de lagunes du début du monde ou de sa conclusion, le cycle des étoiles dans le ciel, la roue de l'éternel recommencement et de la Grande Année. Voilà ce que balbutie la tentation pirate mais, de ces extases, quels parchemins nous rapporteront la rumeur?

De sorte que toute approche des pirates s'apparentera moins à la lecture d'un manuscrit qu'à celle d'un palimpseste. Le déchiffrement de leurs tribulations doit s'opérer sur deux portées : au-dessous du texte où les archives ont consigné le procès-verbal de leurs vilenies, il est un autre texte disparu et c'est là que s'étalait le chiffre de l'énigme. La question est de savoir sous quelles lumières ces lambeaux de discours effondré deviendront discours discernable.

L'étrange est que le texte d'origine a été effacé par les pirates eux-mêmes. Si la terre a beaucoup glosé sur leurs exploits, les pirates ont fort peu ou fort mal parlé.

Leur course se développe dans un formidable silence. Elle se défait à mesure qu'elle se fait et sa mémoire est déplorable. La nature du flibustier n'est pas bavarde, son discours est un discours en creux, une absence de discours, le dialogue de plusieurs mutismes. Les bandits, les ministres, les prostituées ont pris le soin d'allumer des torches à tous les détours de leurs âmes. Les pirates nous abandonnent au noir. Ils n'ont produit ni Homère, ni Lacenaire, ni Villon, ni Genet. Les primitifs, même, les sauvages, élaborent des mythes où les choses qui les tourmentent s'offrent en langage codé. Les pirates ignorent les mythes et les fables. La litote est la condition de leur survie et s'ils parlent, leurs paroles sont inaudibles : règlements intérieurs de leurs « fraternités », blasphèmes lancés au moment que la corde leur serre le cou, trébuchantes confidences ou chapelets d'injures. Ils enferment leur secret à double tour et qu'on ne compte pas sur eux pour ouvrir l'envers de leurs vies. Si l'on tient à recomposer le discours que la piraterie tient sur elle-même, on le fera comme on exhume une langue ensevelie, à partir de quelques graphes, sur des tablettes effritées.

Ce déchiffrement se soutiendra de quelques matériaux venus d'ailleurs. Le pirate répugne à dire de quels noirs est teinte son âme mais certains, dont la route croisa la sienne, ont tenté de le faire. Les deux textes les plus remarquables datent du XVIIe siècle et du début du XVIIIe qui, par chance, est la grande époque de la piraterie. Le chirurgien Alexandre-Olivier Exmelin, embarqué sur les navires flibustiers des Antilles, avait le regard vif et frais. Il aimait et comprenait les mauvais garçons de sa compagnie. Son livre paraît en 1678, en hollandais, connaît un succès mondial et provoque quelques vocations. Le capitaine Charles Johnson, un peu plus tard, a mieux connu les grands fauves de l'Atlantique et de Madagascar. Le premier tome de son *History of the Pyrates* paraît en 1724, le second après 1728.

D'autres témoignages moins complets portent sur des épisodes brefs : Jacob de Bucquoy parle de Madagascar. Le Dr Ringrose narre le cocasse et farfelu périple du *Santissima Trinidad* autour de l'Amérique du Sud. Defoe nous décrit Avery mais il invente. A ces documents fondamentaux s'ajoutent des notes prises par des hommes qui eurent relation avec la peuplade. Les prêtres se distinguent, le père Dan pour les Barbaresques, le père Labat pour les Antilles... Toutes ces archives ne remplissent pourtant pas un gros dossier. L'aventure pirate fut aussi durable que celle des hommes, et que serait l'histoire, si nous ne possédions, du pithécanthrope à Jules Ferry, que quelques dizaines de textes morcelés ?

Donc, se poster à l'affût de leurs actes et du fracas que ces actes ont soulevé : leurs manières de se battre, les objets qu'ils convoitaient, l'effroi semé par leurs passages, leurs fêtes et leurs jeux, leurs lieux de prédilection... Ce savoir est rudimentaire. Il décrit seulement l'apparence de leur entreprise, non ses dedans, mais de la forme de ce contour, ne peut-on pas tirer enseignement ? Après tout, qu'avons-nous retenu de la chevauchée mongole si ce n'est un semblable entrelacs d'images et d'énigmes ? Les petits guerriers aux cheveux raides, les hautes pommettes luisantes de graisse, les emblèmes à double corne et le cri des jeunes filles ensanglantées dans les villes où flambe l'Occident, ces traits de foudre dessinent sous nos yeux, mieux qu'aucun manuscrit, ce que fut la divagation barbare, comme nous parlent de la première Asie la poussière jaune où s'ensevelissent les ziggourats, l'éclat des plaques d'or martelées au front de la reine Subad ou la jupe de plumes des astrologues dans le vent de la Chaldée.

C'est ainsi que les pirates seront mis à la question. Sur les portulans, nous pouvons suivre leurs zigzags de loups traqués et avides, comme le sang, dans les forêts, nous dit quelles bêtes ont passé. Nous savons dans quels paysages ils refaisaient leurs forces après le combat, sur quels amers se fixaient leurs pilotes, de quelle déraison témoignaient leurs costumes et qu'ils s'enivraient de vin mélangé de poudre à canon. Même la légende qui les a suivis peut nous instruire. Cette aura d'horreur qui s'ajoute à la figure du boucanier fait partie de son défi. Les pirates sont aussi l'un des lieux de la rêverie non pirate. Si les chroniques nous disent que la mer après les combats était rouge du sang des morts, cela peut s'entendre : les objets, les formes qui firent le décor de la fable pirate décrivent aussi l'envers de leurs solitudes. De telles épaves peuvent être recensées comme on interroge les tremblantes images que le matin retient des rêves.

Il suit que nous devons prendre congé de toute méthode ou les élire toutes en même temps. Les océans qui fascinaient les jeunes canailles de Manchester ou de Hambourg sont ceux de Rimbaud, de Lautréamont ou de Saint-John Perse. L'attrait de l'or et l'usage absurde qu'ils en faisaient, cela nous conduit vers Hérodote ou Midas, vers les chambres au trésor de Suse, le potlatch ou l'alchimie. La règle qui ordonne les navires rebelles, pourquoi ne pas en mesurer la sagesse ou la déraison à celles des textes de Rousseau, de Sade ou de Fourier? Même ce dialogue d'imprécations, de révérence et de sacrilège qui fait le rapport du pirate à Dieu, la mythologie ou l'ethnologie en peuvent explorer les ombres. Nous nous défierons seulement des facilités de la psychanalyse, si dévastateurs nous apparaissent les usages littéraires d'une méthode dont le champ est celui de la seule maladie mentale. Mais il se peut que l'on succombe à la tentation.

Il n'est pas jusqu'au soin apporté par ces grandes bêtes brutales à supprimer leurs empreintes qui ne puisse servir à la lecture, à condition que l'on accommode le regard à la juste distance où défilent les bateaux parias. Cette distance est grande, il faut en tirer force. Rousseau nous indique la voie : « *Quand on veut étudier les hommes, il faut regarder près de soi; mais pour étudier l'homme, il faut apprendre à porter sa vue au loin; il faut d'abord observer les différences pour découvrir les propriétés.* » Ce texte est sans reproche. Claude Lévi-Strauss, qui ne cache pas sa dette à Rousseau, précise : « *Je comparerai l'ethnologie à l'astronomie. Notre objet d'étude est très éloigné de nous. Nous sommes donc contraints à ne voir en lui que les propriétés fondamentales. Si les hommes pouvaient aller plus près des astres, ou sur les astres, il naîtrait une nouvelle science, certes intéressante, mais ce ne serait plus l'astronomie. Ce qui fonde l'astronomie, c'est justement la distance. Je dirai la même chose pour l'ethnologie.* »

L'image de l'astronomie nous comble et nous la chiperons à Lévi-Strauss. Elle apparie les orbes des bateaux aux mouvements de planètes folles et gouvernées, dont les cycles, les redites, les défaillances ou les chutes obéissent à des règlements, même étranges. On a le droit de lire une nécessité dans la géométrie, passionnée et incohérente en même temps, que composent leurs sillages sur l'eau. C'est se soumettre à la vérité pirate : la distance infinie d'où nous les observons, depuis les conforts de nos rivages, nous engage à les saisir en termes de destin, non de psychologie. Et ce glissement du sens est convenable à leur génie.

Le forban ne se déplace pas tout à fait dans le même espace et le même temps que les nôtres. Il occupe des carrefours où s'entrecroisent les lignes de notre rationalité et d'autres lignes dont les équations nous échappent. Le moment où la voilure du rebelle, après l'assaut, bascule sous l'horizon, est un moment exceptionnel : le pirate, quand il disparaît, regagne un espace d'une autre courbure que le nôtre, comme le point où il jaillit à l'improviste signale un confluent où se mêlent le temps qui ourdit nos jours et l'en dehors de ce temps. Le pirate baigne dans une clarté insolite, d'aube et de nuit en même temps. Elle ne prend pas ses sources dans l'histoire même si elle en balaie toutes les plages. Elle renvoie plutôt à ces lumières rêveuses que découvrait Hérodote quand il s'enfonçait dans l'Asie. Ce n'était plus la clarté sèche, nue et bleue que répandait la Grèce, la clarté des épures et de l'histoire. C'était la lueur incertaine et glissante qui nimbe les territoires du mythe.

Cette lueur ordonne la poésie des bateaux perdus. Certains protesteront que ces canailles ne méritent pas de telles minuties et qu'ils n'appellent que l'oubli. Ce n'est pas notre certitude. Le pirate, sauf exception, est un individu rudimentaire et son âme, même méphitique, est une âme ingénue. A proportion de ces traits, il nous paraît asservi aux forces les moins discernables mais aussi les plus décisives dont les hommes sont le lieu. A peine sait-il pourquoi il a pris le mors aux dents et qu'il a refusé les consignes de sa destinée. Le mouvement qui le pousse est un mouvement aveugle et souverain. Il opère dans les eaux les plus basses de la conscience, à la limite de l'imaginaire. C'est à ce niveau que nous pouvons éprouver, avec ces âmes forcenées, nos parentages. Les images qui les illuminent parlent à chacun de nous parce qu'elles sont images interdites, archaïques et inapaisées. Chacune nous frappe au cœur : cadavres des grands flibustiers englués de goudron, ligotés à la proue des navires du Roy ou bien exposés aux chaînes des ports; eaux limpides des atolls où ces créatures de l'enfer vont boire à la source d'un inaccessible éden; lentes décompositions, sous les tropiques, des vieux pirates fourbus; molles carcasses des navires abandonnés aux crabes et aux palétuviers; scintillements des mâts et des voilures pétrifiés dans les déserts de glace, comme dans les givres d'un temps primordial.

On hésite à prendre la piste de ces hommes dont les empreintes furent aussi provisoires que les sillages sur la mer. On engagera la poursuite avec prudence. Elle vise moins à décrire les dédales de cette longue fête noire qu'à retrouver le tremblement de quelques cœurs tristes et inassouvis. C'est à dessiner les volutes de la rêverie pirate que cette rêverie sur les pirates s'attache. On souhaite de décrypter l'âme de ces gredins comme on lit les grimoires où s'énonçait le lieu masqué de leurs trésors. Parvenir à la cache où luit, dans une île du temps, l'or de leur mémoire n'est pas à notre portée. Mais si, dans le labyrinthe des portulans, nos appareils peuvent deviner le gouffre où ces ors ont sombré, un morceau du secret aura été désigné.

C'est conclure que notre voyage sera de haute mer et s'il longe des Antilles, des Guyanes ou des Comores, c'est au-delà de toute géographie qu'il voudrait que le porte son erre. L'histoire de la piraterie est celle d'une folie, d'une déraison qui borde, ronge et décrit la raison dont est tissée l'histoire universelle. C'est pourquoi les forbans nous concernent encore. Ils dessinent les frontières que l'histoire a tenté de tracer le long de cette contre-histoire, de cette histoire des limbes et de la mort qu'est celle de la piraterie. La lecture de leurs forfaits peut être entendue comme le compte rendu d'une exploration dans les marches de l'histoire et dans les territoires interdits de nos cœurs. Les sources où s'abreuvaient les vilaines bouches de l'Olonois ou de Morgan murmurent dans tous les hommes : aventures enivrées, défis au temps, à Dieu ou à l'espace, frénésie de l'alcool, du sang ou de l'or, face-à-face extasié avec la mort, nostalgie de paradis à inventer, sombre fraternité des parias, ces soubresauts qui secouent nos méchants modèles agitent tous les hommes – comme tous entendent, à de certaines minuits, cette orchestration funèbre dont s'accompagne la dérive des bateaux révoltés. Chaque moment de l'aventure pirate peut être regardé comme une *mise en abyme*, un jeu de miroir où s'effacent et se recomposent, sous les glacis de la raison, les reflets d'incalculables abysses.

Le pirate est un homme qui n'est pas content. L'espace que lui allouent la société ou les dieux lui paraît
étroit, nauséabond, inconfortable. Il s'en accommode
quelques brèves années et puis il dit « pouce », il refuse
de jouer le jeu. Il fait son baluchon, descend de ses
montagnes de Cappadoce, d'Écosse ou de Norvège et
gagne le rivage. Il capture un navire ou bien il s'enrôle
chez un forban et, bon vent, il appareille.

Mais beaucoup d'hommes ne sont pas contents. Tous
ne prennent pas le bateau. La plupart restent aca-
gnardés dans leurs fermes, leurs taudis ou leurs résidences secondaires. C'est l'espèce à laquelle nous appar-
tenons tous. Elle est morne, fade, envieuse et
l'imagination n'est pas son fort. La générosité non plus.
Poujade, pour ce temps, en propose une illustration
excellente, les conversations de café, la légende et le
commentaire. C'est une révolte molle et qui somnole.
Elle râle mais elle jouit des bienfaits de son temps. A
l'autre frontière du mécontentement, des figures plus

vertueuses se profilent. La colère qui les agite est si violente, la blessure dont elles saignent si meurtrière qu'elles ne se contentent pas de pleurnicher. Elles remplacent une société inconvenante par une société équitable.

Entre ces lisières, entre le grognement de Poujade et la révolution de Lénine s'étend un vaste espace. Il est occupé par la révolte. Dans ce territoire surpeuplé manœuvrent les pirates. Ils y croisent d'autres bandes de parias, des anarchistes avec leurs bombes, le marquis de Sade, ses fouets et ses fers, la Maffia et ses parabellums, Fourier et ses règlements, Malatesta, Spartacus, Bonnot.

Mais ne mélangeons pas tous les révoltés. Dans cette compagnie, nos pirates portent une livrée singulière. Les marins de Cronstadt savent peut-être que leur combat est illusoire. Ils le livrent pourtant comme s'ils pouvaient l'emporter et s'ils succombent, ils éprouvent que leur mort n'est pas inutile. Ils ne se bornent pas à secouer l'échiquier, ils se jurent d'en changer les règles. Ce trait les apparente aux révolutionnaires dont les éloignent l'incompétence technique, l'irréalisme, la malchance.

Le pirate nous paraît plus radical et sa révolte plus désespérée. Elle est celle d'un cœur désolé et qui n'attend rien. Même sa mort, le pirate n'a pas la vanité de lui donner du sens. Il se saisit de l'échiquier, il le brise en mille morceaux mais l'idée ne l'effleure pas d'en refaire un autre. Ce dédain, cette ardeur désenchantée indiquent déjà qu'il braque son tromblon sur une cible située au-delà des figures provisoires du monde, par exemple, dans la direction de Dieu. Il se retire du jeu des hommes et s'il continue de manier des pions, il n'en proposera les règles à personne, sauf à ses camarades réprouvés, à ceux du pacte. Voilà une première différence entre Rock le Brésilien et Louise Michel : l'un peut bien couper des têtes avec le grand sabre nu qu'il accroche toujours à son bras, l'autre peut bien jeter le feu à toutes les poudres, les mêmes gestes n'ont pas le même poids. Il les faut peser sur de plus délicates balances.

Peu de défis sont plus éclairants que la révolte. Elle partage la conscience en deux : elle est faite pour moitié de désir, pour moitié de dégoût, c'est-à-dire de passé et d'avenir. Le désir nous entretient du monde théorique auquel songe notre homme. Le dégoût n'est pas moins bavard ; même, il murmure un double discours. Il décrit le cœur sombre du révolté mais aussi les verrues de son temps : « Dis-moi qui tu es et je te dirai qui tu hais » peut se lire à rebours : « Dis-moi qui tu hais et je te dirai qui tu es. »

Par exemple, les imprécations de Savonarole s'entendent de deux manières. Elles évoquent le monde pur et rude dont est assoiffé le moine florentin. Elles peignent aussi les ignominies de la papauté, les dorures de l'Église, ses pestilences et ses reniements. Et quand Abélard prend ses cliques et ses claques pour se transporter sur la montagne Sainte-Geneviève, il ne se contente pas d'inventer l'université moderne. Encore, son éclat nous enseigne comment les chanoines de Notre-Dame mettaient la vérité sous le boisseau. Ces considérations ont en vue cette conséquence : chaque révolte éclaire un moment de l'histoire. Elle lui est soumise – liée et contraire en même temps. Elle fonctionne dans une société donnée, dans un certain canton du temps et de l'espace. Bien sûr, son exigence dépasse les bornes de l'époque où elle opère et c'est la condition permanente de l'homme qui fait son souci, il n'empêche, elle baigne dans un certain paysage, celui de son siècle et de sa terre et c'est à ce paysage qu'elle emprunte ses couleurs et son accent, même si son propos est de le détruire ou de l'effacer. En ce sens, la révolte peut être entendue comme une lecture de l'histoire.

Les forbans sont moins explicites : allez vous former une idée des souillures de la société en faisant défiler ses équipages sous votre lorgnon ! D'abord, ils sont bien trop nombreux. Comment une telle foule d'hommes et qui sont phéniciens ou bien américains du Nord partageraient-ils une colère unique ? Au surplus, leur révolte agit en tous temps et en tous lieux, contre tous les codes civils et tous les règnes. Quelle que soit la douceur ou l'âpreté de sa condition, elle le blessera en quelque point. Mettez-vous en quatre pour faire un nid à ces malotrus, offrez-leur la lumière de la Grèce ou les austérités de la Réforme, l'ordre romain ou le désordre alexandrin, la solennité de Versailles ou la religiosité de l'Inde, la complication chinoise, rien n'y fait, de toute façon, le pirate est furieux. Il trouve un moyen de tomber dans la colère et toute vie lui est horrible. Toute cité lui est un poignard dans le cœur.

Que la révolte pirate découvre ainsi, dans toute société, quelques pailles où allumer ses feux dénonce déjà sa singularité. Le forban peut bien faire mine de détester son temps, de vomir l'autorité de son roi ou de ses employeurs, de s'en prendre au moment de l'histoire qui l'enferme, tout cela n'est que ruse : ses ennemis véritables sont ailleurs et cette ruse marque les distances qui le séparent de l'histoire. S'il se balade dans l'histoire, c'est à la manière d'un somnambule le long des toits. Ce qui le fascine est le vertige, non les toits. Du reste, cette étrange façon qu'il a de picorer dans les différentes variétés de la révolte est aussi éloquente. Tour à tour, et selon ses besoins, il sera nihiliste ou anarchiste, agnostique ou luciférien, ange ou bête, cela n'a pas grande importance : ces catégories fonctionnent comme des caches. A leur abri, il mène un autre combat. Il enfile telle ou telle révolte comme un bernard-l'ermite se glisse dans un coquillage. Ce qui compte n'est pas la couleur de la coquille mais l'itinéraire qu'il entend accomplir.

Un homme se dispute avec sa femme, c'est une occurrence banale et qui se règle par des criailleries ou des rancunes à l'étouffée. Mais Francis Verney, qui est un grand du temps d'Elisabeth Iʳᵉ, si sa femme lui fait des misères, il prend la mer, massacre tous les Anglais qu'il arraisonne et se fait Turc à Alger. Sous Louis XIV, de Grammont tue en duel l'amant de sa femme, il court au port, saisit un navire, va saccager le port mexicain de Vera Cruz. Monbars est du même temps et de même noblesse. Au collège, il a lu que les Espagnols étaient très méchants avec les Indiens. Monbars est un sensible, il s'embarque pour les Antilles, se baptise « l'Exterminateur » et fait un carnage d'Espagnols. Un autre périt d'ennui à l'école. Ses camarades aussi mais ils se soignent en lorgnant les filles. Lui, non. Comme il est amoureux de cartes et d'estampes, il met le cap sur l'île de la Tortue et vit dans le sang des porcs sauvages. Williams garde des moutons du XVIIᵉ siècle dans le pays de Galles. Cette activité est douce mais Williams en conclut qu'il lui faut aller à Madagascar, piller et violer.

On voit que le pirate n'est pas regardant sur les motifs. Il n'aime pas à peser le pour ni le contre. D'autres arrivent à la rupture après bien des débats et des repentirs. Leur révolte n'est qu'une réplique au défi que leur porte la société. Le pirate est plus expéditif. On dirait que la révolte se constitue en lui en même temps que l'air déplie ses petites bronches de nouveau-né ou même dans le ventre maléfique de sa mère. Il naît comme cela, armé de pied en cap. La révolte est sa dimension originelle, elle se confond avec son être.

Tout se passe comme si, dès sa naissance, le futur forban portait en lui un creux, une attente où la rébellion sera inévitablement aspirée quelque jour. Dès son enfance, il fait flèche de tout bois en vue de traverser au plus court l'espace qui le sépare du funeste rivage où le destin lui a donné son rendez-vous. Sa cervelle est un baril de poudre, la moindre étincelle la fera sauter. Cette étincelle n'est donc pas très significative : qu'elle soit l'aigreur d'une dame, l'injustice d'un patron ou la malfaisance d'un État, elle ne nous dit rien de la société de ce temps. Si la femme de Verney n'avait pas été si vilaine, gageons qu'il eût trouvé un autre prétexte ailleurs, dans son entourage, son travail ou sa mélancolie. De sorte que cette révolte, au contraire de certaines, nous parle davantage du pirate que de la société qui engendre le pirate.

Il suit que la rébellion de la mer paraît chargée de plus de destin que de liberté. Ce n'est pas un choix que le flibustier accomplit, il plie sous une force. Sa colère est l'effet d'une fatalité, non d'une décision intime. Mais les relations de la contrainte avec la liberté sont embrouillées depuis longtemps. Dans la longue mêlée qui les oppose ensemble, il faut un œil bien vif pour savoir à chaque moment où chacune se trouve. A ce titre également, le pirate est exemplaire. La liberté et le destin, dans son cœur, jouent un incroyable jeu de colin-maillard. Car enfin, il est exact que sa colère a les couleurs de la nécessité, mais où va le conduire cette nécessité? Vers le port, parce que le port ouvre la mer, qui est la liberté dans laquelle le voici bientôt enfermé. Si bien qu'on aboutit à cette curiosité : le destin du pirate est de se saisir d'une liberté qui se tourne en fatalité.

A ce point, on conviendra que le pirate se dérobe aux lois de la psychologie, de la sociologie ou de la politique. Les motifs de sa révolte s'éparpillent. Ils s'organisent en nébuleuse et comment déceler, sous tant de colères opposées et semblables, une organisation commune des colères? On échouera à en dire la règle, à moins de descendre dans des galeries plus enterrées, à moins d'atteindre des strates oubliées de la conscience des hommes : de tant de perspectives contraires, de ce monument dont tous les rapports trompent l'œil, de cette tour obscure et désordonnée, on commence à soupçonner que les lignes de fuite convergent au-delà de l'horizon de nos jours.

Étonnants voyageurs! quelles nobles histoires!
Nous lisons dans vos yeux profonds comme les mers!

BAUDELAIRE

Rares sont les mers que n'ont pas sillonnées les escadres noires. Si les images du passé laissaient leurs empreintes dans les transparences de l'air, tous les horizons marins seraient infestés du charroi des nefs pirates. Leurs sillages entrecroisés couvriraient l'océan d'un immense filet d'écumes blanches et bleues. C'est que les forbans furent partout : pas une tempête et pas une bonace, pas un isthme, pas une latitude où ne se soient profilées leurs voilures. Ils ont accompagné tout le négoce du monde comme une meute de chacals. Derrière chaque île et chaque promontoire, ils ont ourdi leurs pièges ou monté le guet et toute richesse était leur proie. Une bibliothèque ne résumerait pas leurs forfaits. On se résigne à choisir ici les plus riches gisements, les temps et les lieux où la peuplade grouille.

On ne sait rien pour Neanderthal mais il est probable que les pirates sont nés en même temps que la navigation, cinq millénaires avant Jésus-Christ, dans les parages de l'Arabie. Aujourd'hui encore, le golfe persique possède une « côte des pirates ». Plus tard, ils trafiquent un peu partout, le long de l'Afrique et de la Crète, en Asie mineure, en Chine, en Libye, en Égypte, en Grèce. Montesquieu prétend que tous les premiers Grecs étaient des pirates, peut-être il exagère, mais le plus ancien poème du monde en est envahi. Homère parle de cet art avec respect et comme d'un métier délicat.

L'*Odyssée* et les vases archaïques nous ont enseigné la forme des vieux navires – vaisseaux longs, à rameurs et à voiles, armés d'un éperon, et que Victor Bérard appelle « les galères subtiles ». Les vaisseaux pirates sont de même type. Leur tactique est celle des bandits de grand chemin : comme ils répugnent à la haute mer et que la nuit les inquiète, ils préfèrent l'affût. Dissimulés dans les criques et les détroits, ils bondissent sur l'ennemi, le stupéfient et l'abattent. Leur cruauté est extrême mais les manières du temps l'exigent. Agamemnon, qui n'est pas mauvais prince, évoque dans le chant IV de l'*Iliade* le sort qui guette les vaincus : « *Les vautours se repaîtront de leur chair sans défense et nous emmènerons sur nos vaisseaux leurs femmes et leurs petits enfants, après avoir conquis la ville.* »

Les risques du métier n'étaient pas négligeables. Le pirate n'affrontait pas que des marins et des soldats. Il avait maille à partir avec des créatures plus coriaces, des dragons, des tritons, des chimères ou des sirènes, peut-être des lémures ou des harpies. Ces rencontres-là ne tournent pas toujours à la faveur des aventuriers : un équipage d'écervelés capture le dieu Bacchus, quelle inconséquence ! Bacchus prend l'affaire très mal et c'est bien légitime. Il transforme ses ravisseurs en dauphins, mais ce coup d'éclat ne suffit pas à purger les mers de leurs malandrins.

Des personnages très convenables n'hésitent pas à mettre la main à la pâte. Avant de s'enrôler pour la guerre de Troie, Achille est un fameux pillard. Ulysse quand il rentre à Ithaque se présente à son porcher Eumée, qui ne l'a pas reconnu, comme pirate. Cet excellent Ulysse prononce même un discours un peu exalté : *« Ce que j'aimais,* explique-t-il, *c'étaient les rames, les vaisseaux, les flèches, les javelots polis. Tous les outils de mort, qui font trembler les autres, étaient ma joie. Les dieux m'en emplissaient le cœur. »* Le porcher, qui est un humaniste, grommelle un peu. Il peste contre la sauvagerie des pirates mais il réserve un accueil excellent au noble étranger.

Ces forbans attachaient beaucoup de prix au facteur humain. Les richesses matérielles les séduisaient assez peu mais ils capturaient les hommes, les femmes et les enfants pour les revendre, par exemple, dans l'île de Delos qui tenait le rôle de marché aux esclaves. Ce trait est banal à l'époque. Les Phéniciens, qui souffrirent beaucoup des marins grecs, avaient inventé une ruse charmante pour leur rendre la monnaie de leur pièce. Un de leurs navires faisait relâche dans un port grec. Il conviait la population à monter à bord pour acheter des étoffes précieuses et des bijoux. Les femmes grecques se précipitaient. Dès qu'elles étaient assez nombreuses, le Phénicien appareillait et les acheteuses devenaient cargaison que l'on allait fourguer dans un autre port.

Après Homère, la piraterie tient son rang. Dans la seconde moitié du VIᵉ siècle, Polycrate, le tyran de Samos, possède plus de cent bateaux et la mer Égée est son territoire. Quand il a écrasé ses rivaux de Melita et de Lesbos, sa fortune devient considérable. Il entretient des relations avec les grands de son temps, Cyrus, Cambyse, le pharaon Amasis. Ce forban, de surcroît, a le goût du luxe et des beaux arts. De Samos, il fait une cité somptueuse, la plus belle du temps. Il y attire, par le moyen d'un fabuleux salaire, Democède, le meilleur médecin d'Athènes. Il s'attache des poètes comme Anacréon ou Ibycos. Pour lui, Eupalinos reconstruit le temple monumental d'Héra et perce un aqueduc souterrain. Pareils exemples de mécénat ne sont pas fréquents dans la corporation, c'est la raison de citer celui-ci, mais le lecteur est prévenu, cette rubrique n'aura guère de prolongements dans la suite. Que l'on ne compte pas sur les flibustiers des Antilles pour disputer Racine ou Lulli à Louis XIV. Ils se font leur théâtre et leur musique eux-mêmes et puis, Le Nôtre ou Mansard, dans la jungle sanglante des Caraïbes, au milieu des cochons sauvages...

Les Romains prennent l'affaire par un autre bout. Guidés par leur passion juridique, leur amour pour la loi et les définitions claires, ils commencent par tracer une frontière nette entre la piraterie et le commerce. Désormais, on saura à quoi s'en tenir et le péché est bien localisé. Cette précaution excellente n'offusque guère les voyous qui opèrent sur grande échelle : Dalmates ou Ligures, puis Crétois et Ciliciens, tout ce petit monde turbulent chasse, rançonne et tue. Rome pâtit. Si les marchés romains sont vides, les ménagères en connaissent la raison : les pirates ont encore fait des leurs.

Les ennuis romains sont portés au comble le jour où Mithridate VI Eupator, roi du Pont, imagine d'utiliser dans sa lutte contre Rome les mauvais garçons de la Cilicie sous le commandement de Selencus qu'on appelle le « super pirate ». L'insécurité redouble dont témoigne la capture de César. Des bandes poussent jusqu'à Ostie et saccagent le port. Leur impunité étonne. Elle s'explique par les relations embarrassées des Romains avec la mer. Ces soldats intrépides cèdent à l'angoisse s'ils n'aperçoivent plus la terre. Il faut ajouter que les puissances transcendantes étaient du côté des brigands : on peut disputer sur le nom du dieu qui dessina la mer Méditerranée, le sûr est que ce dieu était l'ami de pirates. Il avait tout prévu : une mer farcie d'abris et de criques, d'îles et de promontoires, d'embuscades et de pièges, il leur avait mâché la besogne. Au temps de Pompée, on ne compte pas moins de cent vingt repaires naturels dans la seule Cilicie.

Longtemps, Rome paraît frappée d'hypnose. Il faut dire qu'elle est embrouillée dans la longue guerre civile entre Marius et Sylla. Quand les blés africains n'arrivent plus, cependant, la survie de la ville est en jeu et il faut que le Sénat se reprenne. En 67, il confie les pleins pouvoirs à Pompée, vingt légions, cinq cents navires et cent vingt mille soldats. Pompée n'y va pas de main morte. En quarante jours, il a purgé la Cilicie : quatre cents navires sont coulés, treize cents détruits, les arsenaux brûlés, dix mille pirates noyés, vingt mille prisonniers.

Suit une accalmie que le talent de César consolide. Vingt années plus tard, les bandes se reforment. Un de leurs chefs se signale par son âpreté et sa force, Sextus Pompée, le fils du grand Pompée, installé en Sicile. Octave ne s'en défait qu'avec peine. Une nouvelle période de tranquillité douteuse s'ouvre qui durera jusqu'à la fin de l'Empire. Rome se décompose, disparaît sous l'histoire. Les pirates vont chasser ailleurs.

Passons chez les Vikings. Les histoires de la piraterie, même les remarquables ouvrages d'Hubert Deschamps, les rangent comme pirates. Il faut reconnaître que leur nom signifie « rois (ou écumeurs) de la mer » et que leurs *drakkars*, avec leur proue dansante, évoquent de grandes bêtes félines. Est-ce raison suffisante pour les enrôler dans notre troupe? Cet ouvrage, s'il étudie la piraterie, la considère comme révolte et les Vikings ne sont ni des rebelles, ni des réprouvés, ni des solitaires. Leur société ne les dégoûte ni ne les bannit. Ils forment un peuple qui va sur la mer, voilà tout, ce sont des barbares de l'océan, non des pirates au sens que nous disons.

Pareil ostracisme peut paraître injuste, on ne doit pas y voir l'effet de la malveillance. Mais enfin, il serait un peu trop commode, pour mériter le grade de pirate, d'être un homme qui va sur la mer et qui massacre. On doit y ajouter des conditions plus rigoureuses. Les corsaires, par exemple, personne n'imaginerait de les admettre dans la communauté. Non que leurs mérites soient minces. Leur férocité est irréprochable mais le jeu qu'ils jouent n'est pas celui de ce livre. Ils sont mercenaires, non bandits. Le lien à leur société ou à leur roi, jamais ils ne le rompent, ils avancent sous la protection de la loi. Ils peuvent aller au bout du monde, c'est toujours pour revenir à leur petit Liré. Ils coulent des vieillesses douces, sereines et respectées, dans leurs villas de Saint-Malo. Comment la révolte opérerait-elle dans ces têtes-là? Recalés.

Il est vrai que les flibustiers usaient aussi de commissions et de lettres de marque. Leur cas est si délicat qu'on le réglera aussitôt, quitte à anticiper un peu sur la chronologie. Les flibustiers sont ces malandrins du XVIIe siècle qui mettent les Antilles à sac. Ils le font rarement sans un papier officiel. Est-ce assez pour les rejeter dans les ténèbres extérieures, aux côtés des Vikings et des corsaires ? Considérons d'abord ces commissions. Elles leur sont décernées par les gouverneurs que l'Angleterre, la France ou d'autres États envoient dans les îles mais ces gouverneurs sont des canailles ou des lâches. Leur autorité est nulle et nulle celle de leurs commissions. Ces papiers ne valent rien, ils fonctionnent comme talisman ou comme gri-gri. Un forban, possesseur d'un document que lui a remis le gouverneur d'une île danoise, pille les bateaux espagnols, sème l'épouvante dans les églises, tue les curés. Un jour, un curieux examine le document : celui-ci autorisait son possesseur à chasser les chèvres dans l'île d'Hispaniola. Ce trait de ruse un peu burlesque est bien dans la manière de la flibuste. Il la désigne clairement comme piraterie, non comme troupe du roi.

Ce point de doctrine éclairé, reprenons notre voyage. Le Moyen Age ne pouvait guère échapper aux rapaces turcs, sarrazins ou dalmates. Toute l'histoire de Gênes, de Venise ou du royaume d'Aragon est traversée de leurs attaques. Mais c'est plus tard que la course, dans la Méditerranée, atteint une ampleur vraiment majestueuse avec les Barbaresques. L'histoire de ceux-ci présente un profil singulier : irréfutables pirates à l'origine, leur affaire est si rentable qu'ils grossissent au point de s'ériger en un État. Les puissances européennes les reconnaissent, elles négocient entre eux, entretiennent des ambassades à Alger. François Ier signe un traité d'alliance avec eux. Ainsi, la piraterie barbaresque, née au-dessous de l'horizon de l'histoire, en émerge par le génie des Barberousse, pour plonger à nouveau, après que l'Occident l'a frappée en 1571.

L'année 1504 marque l'irruption de la grande piraterie barbaresque. Elle éclate avec une soudaineté merveilleuse et conquiert d'un coup son style. Cette année-là, le pape Jules II, celui de Michel-Ange, fait escorter de deux puissantes galères un convoi précieux entre Gênes et Civita Vecchia. Une galiote rôde autour du convoi, attend qu'une des galères protectrices s'écarte du reste de la troupe, l'aborde, l'envahit. Un personnage trapu et dont la barbe est rouge commande la manœuvre. Celle-ci est subtile. Le chef fait jeter dans la cale de la galère conquise les marins du pape, les remplace par ses hommes qui ont échangé leurs turbans contre les habits des chrétiens. On les dispose bien en vue sur les ponts. Puis, la barbe rouge prend en remorque sa propre galiote et fait voile vers la seconde galère papale. Celle-ci se réjouit de la prise mais, déjà, les marins turcs déguisés en chrétiens bondissent sur la seconde galère, la capturent. Voilà comment le premier des Barberousse jaillit sur la scène de l'histoire, dans le sang, la ruse et sous des oripeaux de carnaval.

Ce Barberousse s'avance masqué. D'abord il s'appelle Arouj. Ensuite, il n'est pas turc mais fils d'un potier grec de Lesbos et si ce chrétien se fait musulman, c'est pour s'enrôler sur un pirate turc. Il a vite fait de grimper les échelons et même de s'affranchir de l'autorité de Constantinople. Le succès le suit. Il règne sur l'Algérie, submerge la Tunisie et le Maroc. Sa main est si dure que les Algériens se révoltent contre lui et demandent assistance à Charles Quint. Celui-ci saute sur l'occasion et dépêche dix mille vétérans triés sur le volet. Arouj meurt.

On respire, puis on se mord les doigts. C'est qu'Arouj avait un frère cadet, plus grand, aussi rouge, plus cruel et plus intelligent que lui, Keyr ed-Din. Celui-là est une tête politique. Il offre au Grand Seigneur de Constantinople sa province d'Alger. Ce geste est d'un rusé : Keyr ed-Din ne cède rien de son indépendance mais il gagne deux mille janissaires offerts par le sultan et la liberté d'exercer ses redoutables talents à loisir. Par exemple, cette vassalité lui permet de signer une alliance avec François Ier dont l'idée fixe est de chercher noise à Charles Quint.

L'Espagnol continue la lutte et lance contre les galiotes arabes son meilleur chef, l'amiral génois Doria. Toute l'époque résonne de la fureur des combats entre chrétiens et Turcs, en écho aux croisades. Barberousse fait tête, attaque et règne. Très âgé, vers les quatre-vingts ans il épouse une captive de dix-neuf ans, Maria, fille d'un gouverneur espagnol. Il meurt en 1546 : « *Son cadavre fut trouvé quatre ou cinq fois hors de la terre après qu'il eut été inhumé; et il fut impossible de le faire tenir dans son cercueil jusqu'à ce qu'un sorcier grec conseillât d'enterrer avec le corps un chien noir. Ceci fait, il resta tranquille et ne troubla plus personne.* »

Le génie des Barberousse éclipse leurs successeurs. Certains furent de brillants capitaines, Dragut, fixé à Djerba, Ochiali, à Chypre, Mourad, un Albanais qui atteignit les Canaries. Ochiali guerroie contre les pirates chrétiens qui, installés à Malte ou à Chypre, montrent une férocité égale à celle des Turcs. Dans ce duel, Ochiali marque d'abord des points. En 1570 il prend trois grandes galères des Chevaliers de Malte. L'année suivante, il attaque la base de Chypre, qui appartient à Venise. La capitale, Nicosia, tombe après un siège de quarante-huit jours.

La chute de Chypre secoue la léthargie de l'Occident chrétien. Toutes les nations sentent la nécessité de s'unir autour de Venise, qui n'était pourtant pas très bien considérée jusque-là. Le pape Pie V bat le rappel des énergies chrétiennes. Même l'Angleterre envoie un marin protestant en Méditerranée, sir Richard Grenville. L'Espagne fournit une flotte puissante. Le commandement suprême de cette armada est confié à don Juan d'Espagne, le fils de Charles Quint et de la belle Barbara Blomberg. Ce jeune homme est un personnage fascinant. Sa séduction, son habileté, son audace ont fait rêver. *« A lui seul, il a forcé le destin »*, écrit Fernand Braudel tandis qu'un autre historien, F. Hartlaub, l'égale aux grandes figures shakespeariennes.

Notre rôle n'est pas de raconter Lépante mais de marquer la place de ce 7 octobre 1571, dans la piraterie. Le combat commence comme le soleil se lève, à l'entrée du golfe où la flotte chrétienne réussit à enfermer la flotte turque. Le déploiement des forces est énorme. Les Turcs ont deux cent trente bateaux de guerre. Les chrétiens deux cent huit seulement mais ils disposent aussi de six galéasses vénitiennes lourdement chargées d'artillerie. Le choc qui a lieu à midi est épouvantable car les deux flottes n'ont pas la place de manœuvrer et ne peuvent que s'arc-bouter l'une contre l'autre dans le fracas des canons, les hurlements des combattants, le claquement des oriflammes et les éclairs des longs cimeterres turcs. Au soir, le triomphe chrétien est assuré. Trente galères turques seulement parviennent à forcer l'étau. Les Turcs ont perdu trente mille blessés ou tués, trois mille prisonniers et quinze mille forçats chrétiens sont libérés. La mer est rouge.

Assommée, la puissance turque n'est pourtant pas anéantie puisque, quatre ans plus tard, elle triomphe à Tunis et à La Goulette. Voltaire en a profité pour ironiser sur les malices de l'histoire qui, de la plus grande bataille du temps, fait un événement bien léger de conséquences. Les historiens modernes ne partagent pas tous son avis. Si la terreur barbaresque ne cesse pas après Lépante, elle va pourtant s'effilocher au long des siècles pour revenir peu à peu à son état initial de simple piraterie. Surtout Lépante sonne peut-être le glas d'un certain mode de civilisation.

Sur la flotte de don Juan se trouvait un officier subalterne, Miguel de Cervantès. Il y perd une main. Quelques années plus tard, il est capturé par les Barbaresques. Jeté dans les geôles d'Alger, on le vend à un apostat grec qui trouve sur lui une lettre de recommandation de don Juan d'Autriche. Du coup, on le tient pour un personnage puissant et sa rançon est estimée à un tel taux que Cervantès ne peut être racheté qu'au bout de cinq ans. Sans doute ces années lui permirent-elles de rêver beaucoup. En tout cas, le Don Quichotte qu'il invente ensuite met un terme à cette race de « chevaliers errants » dont don Juan d'Autriche, précisément, fut l'une des figures les plus ensorcelantes. Entre Lépante et Don Quichotte, quelque chose de neuf se met en place dans le monde. Le temps a tourné. Les premières rumeurs des époques modernes se font entendre. La piraterie va aussi procéder à sa métamorphose. La grande course va naître.

Le souvenir de la querelle des Barbaresques avec les Chrétiens ne s'effacera que lentement. Parmi beaucoup de témoignages, on peut citer *Candide* dont les tribulations ont souvent relation aux Turcs. Voltaire en tire des effets plaisants : *« Ce qui me surprit davantage, dit la vieille dans* Candide, *c'est qu'ils nous mirent à tous le doigt dans un endroit où nous autres femmes, nous ne nous laissons mettre à l'ordinaire que des canules. Cette cérémonie me paraissait bien étrange : voilà comment on juge de tout quand on n'est pas sorti de son pays. J'appris bientôt que c'était pour voir si nous n'avions pas caché là quelques diamants : c'est un usage établi de temps immémorial parmi les nations policées qui courent sur la mer. J'ai su que messieurs les religieux chevaliers de Malte n'y manquent jamais quand ils prennent des Turcs ou des Turques ; c'est une loi du droit des gens à laquelle on n'a jamais dérogé. »*

> But the English – Ah, the English! – they
> are quite a race apart.
>
> RUDYARD KIPLING

En augmentant la terre d'un nouveau continent, Christophe Colomb bouleverse bien des habitudes et d'abord celles de la piraterie. De nouveaux champs s'ouvrent à la rapacité des forbans. Les équipages de réprouvés échangent les horizons modestes de la Méditerranée contre les solitudes et les effrois de l'Océan. Le progrès technique les y aide. Le gouvernail, les huniers, la boussole permettent la navigation de haute mer. Déjà, les sabords, inventés depuis 1410, avaient débarrassé les ponts de l'attirail des couleuvrines et des bombardes. Au contraire, enfin, des nefs et des caraques, les caravelles suppriment les rameurs, n'obéissent qu'à leurs voiles. Ces bateaux ronds et larges, qui ne portent que quatre-vingts hommes, affrontent aisément les incertitudes de l'Océan.

Sur cet Océan s'en vont des cargaisons dont le parfum est délicieux aux narines des pirates : l'or et les pierreries que les Espagnols volent à l'Amérique et qu'ils déversent sur l'Europe. Les pirates tendent leurs filets sur les nouvelles routes. En l'affaire, les Français jouent un rôle de pionniers, ils ont la vanité de croire qu'ils ont inventé la grande piraterie. Il faut avouer que Colomb, dès son troisième voyage, doit se réfugier à Madère pour fuir des Français. Ceux-ci ne reculent devant aucune audace. Ils y ajoutent un humour qui n'est pas forcément délicat : « Éternuez l'or », disent-ils à des marins portugais en leur coupant le nez.

La Rochelle, qui est huguenote, déteste Philippe II et l'hispanité. Une république de forbans s'y constitue avec l'appoint des rebelles hollandais qu'a chassés la première défaite de Guillaume d'Orange contre les troupes d'Espagne. Le cardinal Granvella, ministre de Philippe II aux Pays-Bas, appelle ses ennemis des gueux – et le sobriquet passe à La Rochelle dont la République est celle des *Gueux de mer*. Leur entreprise est de caractère supranational, il s'y mêle des Bretons, des Saintongeais, des Normands, des Anglais, des Hollandais. Ce qui les rassemble est la haine des papistes. Le prince de Condé distribue des lettres de marque contre tout navire catholique, qu'il soit français ou anglais. Les Gueux disposent d'appuis sur la côte anglaise, de Douvres à Plymouth.

Dans les débuts, la passion religieuse revêt de sa noblesse les vilenies des Gueux de mer, mais on sait ce qu'il en est des hommes et comme la vertu a des difficultés avec le vice. A La Rochelle, la vertu s'estompe déjà et les Gueux ne forment plus qu'un régiment de canailles. Ils se soucient du Bon Dieu comme d'une pomme et ne songent qu'à s'enrichir. Après un an, ils possèdent une centaine de navires et en ont saisi cent autres. Mais leurs manières sont devenues si désobligeantes que les marchands anglais se plaignent à la reine. Assaillie également par les doléances espagnoles, Elisabeth ferme Douvres. En janvier 1573, elle expédie deux navires, armés de gros canons, contre les Gueux dont la république sombre.

Cet épisode a l'avantage de nous introduire naturellement dans les affaires anglaises : merveilleuse Angleterre, Shakespeare affirme qu'elle est « *un nid de cygnes sur les eaux* ». Convenons alors que le plumage de ces cygnes est singulièrement noir. Non seulement à cause de lady Macbeth ou des filles de Lear mais encore parce que du XIVᵉ au XVIIᵉ siècle, cette île grouille de malandrins, de filous, de forbans et de coquins. On renonce à les dénombrer. Dès la fin du Moyen Age, ils déploient une activité intense. Cinq villes s'associent pour faire échec à leurs forfaits, c'est la *Ligue des Cinque ports* – Hastings, Hythe, Douvres, Romney et Sandwich. Il va de soi que les navires de cette ligue attrapent le microbe et se transforment en d'intolérables rançonneurs. Les souverains anglais tentent de mettre un peu d'ordre mais ils peuvent peu. Tout le monde chasse et la guerre de Cent ans, qui nourrit la confusion, offre de merveilleux prétextes aux mauvais garçons. Dire où commence et où finit le mal, dans cette île, défie la raison. On est revenu au temps d'Homère.

L'un des traits constants de la piraterie anglaise sera d'avoir l'amitié de l'aristocratie. En 1322, déjà, le maire de Winchelsea vole aux marchands de Sherborne deux de leurs navires et leurs cargaisons. L'Angleterre est un pays de tradition, celle-ci se perpétuera. L'île devient le lieu d'une vaste mêlée entre pirates. Des ports se transforment en citadelles libres; la carte d'Angleterre s'illumine du douteux éclat de ces villes, vouées au mal, Fowey, Dartmouth, Plymouth, Poole. Dans les Cornouailles, saint Yves exerce un tel attrait que, des siècles plus tard, les demoiselles chantent encore des ballades pour se mettre en garde contre les fascinations des beaux bandits de mer.

Il faut pourtant attendre Elisabeth Ire, c'est-à-dire Shakespeare, pour que la piraterie atteigne son zénith. Les pirates se voient tacitement encouragés puisque le premier geste de la souveraine est de distendre ses liens avec l'Espagne par la rupture avec la religion catholique. Les forbans en tirent la conséquence qu'ils peuvent s'en donner à cœur joie. Il s'y ajoute que la situation stratégique leur est favorable. Anvers sert de port à toute l'Europe du Nord, il y afflue les vins de Madère, les épices de l'Extrême-Orient, les bois précieux du Brésil. La Manche fait le décor d'une immense partie de chasse au trésor. On ne dédaigne même pas de capturer les hommes. Deux ans après son couronnement, Elisabeth essuie la colère de l'ambassadeur d'Espagne pour la raison que les nobles espagnols, enlevés par les pirates anglais, étaient vendus aux enchères à Douvres. On y payait jusqu'à cent livres un Espagnol bien habillé. Elisabeth, qui n'est pas en guerre avec l'Espagne, fait des efforts sincères – dans les débuts de son règne du moins – pour tenir la bride à ses pirates. Sa tâche n'est pas simple car la plupart des *squires* sont dans le coup. Si un forban est arrêté, aussitôt un réseau d'influences se déclenche, l'arrache à la justice.

La famille Killigrew, l'une des premières du royaume, est un ramas de canailles extraordinaires. Ministres ou diplomates, capitaines ou notables, tous les Killigrew sont aussi des coquins. De leur jolie maison de famille, à Arwenack, en Cornouailles, ils contrôlent les trafics de la région. Ils recèlent, ils répartissent le butin, ils interviennent à Londres s'il le faut. Lady Killigrew met une grâce extrême à recevoir à sa table les aventuriers les plus illustres. Pour les équipages, des sortes de casernes ont été aménagées dans tout le comté.

L'âge ne modère pas les ardeurs de lady Killigrew. Le jour de l'an de 1582, un navire de la ligue hanséatique est drossé juste en face du château d'Arwenack. Lady Killigrew prenait le frais à sa fenêtre. Peut-être l'excellente vieille dame était-elle à sa broderie, ou bien elle jouait du luth, le fin museau d'un de ses lévriers sur sa robe de velours ou de brocart. Mais, broderie ou non, son sang ne fait qu'un tour, cette proie lui donne la fièvre. Lady Killigrew reste une romantique et sept jours plus tard, elle arme une embarcation, convoque quelques malandrins et prend d'assaut le navire de la Hanse. Les marins en sont massacrés et la lady fait main basse sur la cargaison. Puis la vieille dame regagne son château. Elle avait passé les bornes. Il faut bien la traduire en justice et la condamner à mort. Elle sera graciée.

Pourtant, la Manche est étroite à un peuple aussi pourvu de dons. A l'exemple des Français, les équipages anglais se portent vers les sources de l'or. Le nom de Drake brille à ce moment. La reine, qui prend de plus en plus de distance à l'égard des Espagnols, le commandite. Elle lui remet mille écus en catimini. Drake va piller Valparaiso. Il perd quatre bateaux sur cinq mais ramène le sien en Angleterre après avoir bouclé le tour du monde. Les Espagnols qui sont en rage le disent à Elisabeth Ire. La reine, dont les doigts sont très crochus, commence par puiser dans le butin de Drake puis, en compagnie de l'ambassadeur d'Espagne, descend solennellement la Tamise jusqu'à rejoindre le bateau de Drake, le *Golden Hind*. La voici, avec le diplomate espagnol, sur le pont du pirate. Drake s'agenouille. La souveraine tire son épée, on attend que le coup fracasse cette mauvaise tête, la reine l'embrasse et dit *« Levez-vous, sir Drake »*. Voilà comment on devient noble, du temps de Shakespeare et cependant, mauvais sang ne peut mentir, même anobli, le génie de Drake demeure noir. Il reprend ses activités coupables si bien qu'il meurt en course à Porto Bello.

Drake est célèbre mais il n'est pas seul. Toute une pléiade de grands forbans se révèlent à l'époque d'Elisabeth. Scaliger, à la fin du XVIe siècle, n'invente rien s'il assure que *« nulli melius piraticum exercent quam Angli »*. Le génie d'Elisabeth a été de ne jamais prendre en compte leurs prouesses mais de fermer les yeux sur la turbulence de ses marins. Cette cécité a permis que se forge la flotte anglaise et que se prépare la victoire acquise quelques années plus tard, en 1588, contre l'*Invincible Armada*. Le règne suivant, celui de Jacques II, voit le déclin de la piraterie anglaise. Les plus grands forbans anglais, découragés par les sévérités nouvelles du pouvoir, se dispersent sur les océans. Plusieurs offrent leurs services aux Barbaresques.

> C'est pourquoi la mer des Caraïbes est l'un
> des lieux que je préfère. C'est l'espace géo-
> graphique qui ressemble le plus à l'espace
> onirique.
>
> ANDRÉ PIEYRE DE MANDIARGUES

Que les boucaniers et les flibustiers s'appellent eux-mêmes les « frères de la Côte » a quelque chose d'attendrissant. On a le droit d'y voir la marque de sentiments subtils : ces hommes qui s'étaient exclus de la société tentaient de ressusciter, aux confins de la terre, un paysage où respirer. A leur manière, qui est fruste, ils annoncent cette communauté des pessimistes dont sera hanté bien plus tard André Malraux.

Ils surgissent dans les Caraïbes, au début du XVIIᵉ siècle, en conséquence de la paix religieuse. L'Europe revenue au calme, toutes sortes d'âmes violentes sont jetées au chômage. Elles répugnent à s'insérer dans la cité. Le vieux continent s'ordonne. Les zones d'ombre où prospérait la pègre se rétrécissent. Les réfractaires, les insoumis quittent l'Europe. Ils mettent le cap sur les Caraïbes où les sociétés sont molles. Là-bas, sous les tropiques, va fonctionner une étrange société des limbes.

Les Anglais se concentrent à la Jamaïque dont la

capitale est Port-Royal, « *l'une des plus riches et probablement la plus immorale des villes du monde* », dit Philip Gosse. Leurs frères français préfèrent Hispaniola – aujourd'hui Saint-Domingue ou Haïti. L'île d'Hispaniola est belle et grande mais la cruauté des Espagnols l'a dévastée. Les Indiens morts, il y reste des troupeaux de bœufs et de cochons redevenus sauvages. Ces bêtes formeront la proie des boucaniers. Les bandes de colons se purgent des miasmes de l'Europe en massacrant ces animaux dont ils fument la viande sur des grils de bois – les *boucans*.

Les Espagnols ne goûtent pas ce voisinage. Ils attaquent Hispaniola et en refoulent les occupants. Ceux-ci se retranchent dans une petite île rocheuse, située à quelques miles d'Hispaniola, l'île de *Tortuga*, l'île de la Tortue. Ils s'y installent et prennent la précaution d'y édifier un fort, mais les Espagnols ne les laissent pas quittes et les en expulsent également. Les boucaniers sont obstinés. Ils reprennent possession de la Tortue en 1640. Cette fois, mieux implantés et plus nombreux, ils dureront. Sous le gouvernement très sage d'un certain Levasseur, calviniste et ingénieur, la petite île de la Tortue prospère. Cela veut dire que la lie de la mer y cherche refuge. Les parias ont trouvé leur terre promise. L'île grouille d'aventuriers – boucaniers et flibustiers.

Les boucaniers, toujours obsédés par leurs cochons sauvages, montent des expéditions à Hispaniola et se replient sur leur base de la Tortue. Ils forment d'insolites communautés. Leur apparence n'est pas de ce monde. Farouches, crasseux et féroces, ils ont leur élégance mais cette élégance est celle du bal de Saturne. Cheveux de fer et barbes noires, un étui en peau de crocodile à la hanche où brinquebalent leurs coutelas, de longs fusils qui tirent des balles pesant deux onces, des figures dévastées, tout cela sort d'une toile de Jérôme Bosch. Leur vêtement est des plus ordinaires : une casaque de toile et un caleçon coupé au milieu de la cuisse, type bermuda, mais ce vêtement est si imbu du sang des animaux morts qu'il enveloppe la jambe dans une cuirasse brune. Leur bonheur, s'ils abattent une bête, est de sucer la moelle encore chaude mais pas forcément substantifique, des os.

La silhouette des flibustiers est un peu plus policée, mais à peine, et leur âme exhale de plus noirs parfums. Ils pratiquent un art plus savant. Peu intéressés par la chasse, ils se consacrent au pillage. Leurs petites bandes s'embarquent dans des canots. Elles sont armées jusqu'aux dents puisque chacun possède son fusil, sa poudre, ses balles, deux pistolets, un sacre ou un couteau. Comme ils jouissent, sinon de l'impunité, du moins de la tolérance des autorités françaises et anglaises, ils s'en prennent sans scrupule aux caravelles espagnoles. Le plus souvent, leur adresse et leur courage emportent la décision. Après la victoire, on regagne la Tortue où l'on fait bombance.

Les Espagnols sont très en colère. Ils veulent être seuls pour déménager l'Amérique et n'entendent pas partager avec quiconque. Ils groupent leurs navires en convois puissamment protégés afin de faire pièce aux flibustiers. Ces précautions sont sages et produisent des résultats. Mais un fléau plus grand se développe alors car les flibustiers inventent de nouvelles tactiques. Ils rassemblent des flottes nombreuses et, plutôt que de chasser les bateaux espagnols, ils lancent de vastes raids contre les côtes d'Amérique centrale. C'est ce qu'on appelle les « expéditions de terre ferme », véritables entreprises militaires qui mobilisent des milliers d'hommes.

Ce jeu sanglant dure des dizaines d'années. Il faut attendre la fin du siècle pour que les autorités osent s'attaquer sérieusement aux bandes des Antilles. A Saint-Domingue, frappée par les coups du gouverneur de Cussy, les aventuriers passent, entre 1681 et 1684, de mille deux cents à cinq cents. Quelques survivants deviennent planteurs, s'étiolent et dépérissent. Les plus enragés cherchent de nouveaux terrains de chasse. Nous les retrouverons occupés à prospecter d'autres lieux, dans le Pacifique, à Madagascar.

Par quelle grâce ces personnages en somme détestables ont-ils pu monter si haut, dans l'ordre de la piraterie, au point que l'on parle de cette époque comme du classicisme de cet art? La comparaison avec Racine choque d'abord et pourtant elle est naturelle. Si leur métier est sinistre ou cruel, ils l'ont exercé avec rigueur, dans la passion et le courage. C'est parmi leurs bandes que se recrutent le plus grand nombre de personnages hors du commun. Dans le règne de la révolte, les flibustiers des Antilles, puis les pirates qui leur succèdent à la fin du siècle dans l'Atlantique et l'océan Indien, vont plus loin qu'aucun autre. S'ils s'engagent du côté de la mort, cette mort n'est pas seulement celle qu'ils distribuent, c'est aussi le paysage de leur âme. Ce sont des hommes du désespoir. Leur intransigeance, leur détermination et leur tristesse fascinent comme fascine cette résignation éblouie aux fatalités de leur cœur. Pour ces raisons, nous ne nous étendrons pas sur leur cas. Ils constituent un stock de figures extrêmes dont nous aurons l'usage dans la suite. Pour l'heure, bornons-nous à repérer quelques-uns de leurs chefs afin de savoir où les dénicher lorsque le besoin s'en fera sentir.

L'un des premiers est signalé vers 1635. Il s'appelle Pierre le Grand et arrive de Dieppe. Avec vingt-huit hommes pressés dans une barque minable, il erre longuement et sans succès dans la mer des Caraïbes. Le jour où il aperçoit un navire, enfin, celui-ci est si imposant que les brigands s'en affolent. Il faut que Pierre le Grand les exalte. Il pousse la minutie jusqu'à demander à son chirurgien de percer des trous au fond de la barque. Toute retraite coupée, les forbans sont condamnés à l'héroïsme. Ils jaillissent de leur petit esquif avec une telle fougue que les Espagnols croient que le diable les attaque et succombent avant de mettre à feu leurs cinquante-quatre canons.

François Nau dit l'Olonois et l'Anglais Lewis Scott se disputent l'honneur d'avoir inventé les expéditions de terre ferme. L'Olonois est un grand capitaine. Il contrôle sept navires et sept cents hommes. Son chemin est un chemin d'épouvante. Il ravage Maracaïbo, en 1666, au Vénézuela, puis la côte du Honduras. Il finit sous les coups des Indiens Bravos qui le hachent menu, le font rôtir et le consomment. S'il est vrai que les vertus du mangé se communiquent au mangeur, l'âme de ces Indiens a dû virer au noir.

De Grammont, qui descend d'une grande famille, montre un esprit distingué. Quand il a pillé Vera Cruz en 1683, le premier port du Mexique, il enferme la population dans la cathédrale autour de laquelle il dispose des barils de poudre. Il y mettra le feu si les Véracruziens ne lui livrent pas une rançon de deux cent mille écus. Le voilà riche.

L'Irlandais Morgan, dont Steinbeck a écrit l'histoire dans *The golden Cup*, passe pour le plus grand des flibustiers. C'est une affreuse canaille. De son quartier général, établi à la Jamaïque, il lance des expéditions d'une audace sans précédent. Il pille Cuba, s'empare de la ville fortifiée de Porto Bello, réédite le raid de l'Olonois sur Maracaïbo. En 1670, pour prendre Panama, sur la côte Pacifique, il commande une armée de deux mille cinq cents hommes. L'isthme est traversé au prix de souffrances inouïes. Les clochers de Panama brillent enfin et les troupes de Morgan se lancent à la curée. Dans la ville martyrisée, Morgan tombe amoureux d'une Espagnole, on bamboche beaucoup et la discipline se relâche. Le partage des prises (443 000 livres) soulève des contestations. Morgan en profite pour mettre à la voile avec la plus grande part du butin et en abandonnant ses troupes sans vivres ni eau. Rentré à la Jamaïque, puis en Angleterre où il doit rendre compte de ses crimes, il est acquitté par les tribunaux. Pis encore, le roi le nomme chevalier et gouverneur général de la Jamaïque. Dans cette fonction, ce personnage impur déploie ses talents contre ses anciens compagnons. Il meurt dans son lit et son corps est enterré solennellement dans la capitale de la Jamaïque, à Port-Royal. Cette fin est bien immorale.

Peu à peu affaiblis, les flibustiers commencent à déserter les Caraïbes pour d'autres mers. Ils seront définitivement éliminés par un nouveau sursaut de l'histoire. En 1701, le règlement de la succession d'Espagne porte un coup dur aux flibustiers français qui perdent tout prétexte pour attaquer les Espagnols. Les Anglais jouissent au contraire d'un bref regain puisque leur pays se découvre un nouvel ennemi dans la France en 1688. Mais, cette période est brève et la paix d'Utrecht, en 1713, rétablit la concorde dans l'Occident. Les Anglais abandonnent la Jamaïque. Une autre base se crée dans l'île de la Nouvelle-Providence, à l'entrée des Antilles. Les vagues prétextes politiques dont pouvait exciper la flibuste s'effondrent. La piraterie doit désormais s'avouer comme telle en même temps qu'elle déplace ses territoires vers le Pacifique, les côtes d'Afrique et l'océan Indien.

Edward Teach était appelé Black Beard. Il ravagea plusieurs années les côtes de la Caroline et son caractère était bien désagréable. Au contraire, le major Stede Bonnet est un pirate rafraîchissant : ce vieux monsieur doux et candide coulait ses derniers jours à la Barbade quand le démon de la mer le saisit. Il frète un bateau, se fait « gentilhomme de fortune », accomplit quelques exploits ridicules et, très vite, il meurt pendu.

Deux autres capitaines méritent un mot. Low était un sadique. Il aimait que les prisonniers courent sur le pont et qu'on les larde de coups de couteaux de manière qu'ils meurent par petits morceaux. Un jour, il tua son quartier-maître, ce qui était un manquement grave à la fraternité. Son équipage indigné l'abandonna dans une chaloupe sans rame. Sa chance fut d'être recueilli par un navire, sa malchance que ce navire fût loyal et le ramenât à la Martinique où il fut exécuté. Fly, qui écuma les côtes de la Guinée et de l'Amérique, ne valait pas beaucoup plus cher. Il disait toujours « Dieu vous damne » et fut pendu à Boston. Son cadavre fut accroché aux chaînes du port.

Un peu plus tard, deux figures attachantes se profilent, les Gallois Davis et Bartholomew Roberts. Le second a laissé un souvenir brillant. Personnage fastueux, et stratège de type napoléonien, il surgit toujours dans l'Océan à mille lieues de l'endroit où on l'attend. Assez snob, Roberts était en outre un homme bon, chaste, continent, pieux et un musicologue. Quand il meurt en 1721 au large du cap Lopez, en Afrique équatoriale, ses marins poussent des hurlements à fendre l'âme.

Sur la fin du siècle, l'océan Indien fascine les forbans. Le commerce avec les Indes est en plein essor, les navires portugais, ceux des Compagnies des Indes transportent des cargaisons de rêve – épices, drogues et encens, bois d'ébène, perles, étoffes précieuses, or et émeraudes. Et comme la piraterie a toujours la nécessité d'une solide base, Madagascar, que les puissances d'Occident n'ont jamais réussi à coloniser, devient leur repaire. Pour cette fin de siècle, la grande île sauvage et dotée d'abris incomparables prend la succession de Saint-Domingue, de la Jamaïque et de la Nouvelle-Providence.

John Avery, connu sous le sobriquet de Long Ben, naît à Plymouth en 1665. Marin à bord d'un navire de commerce, il fomente une mutinerie dans le port de Cadix. Le voici maître du *Duke*. Il le rebaptise *Charles II,* ce qui est patriotique. Puis, il fait pis que pendre en Guinée, dans l'Océan Indien et le long des côtes de l'Inde. Dans la mer Rouge, il s'empare du navire du grand Mogol, chargé de cent mille piastres et de beaucoup de dignitaires, dont la fille du grand Mogol. La chronique prétend que cette demoiselle, évidemment ravissante, fut conduite à Madagascar où Avery l'aurait épousée. C'est dire qu'en Europe, la figure d'Avery a beaucoup excité les imaginations. La littérature, de Defoe à Johnson, a brodé sur son cas. En Angleterre, on le tient pour le roi de Madagascar, mais voyez l'infortune des rois! On retrouve Avery quelques années plus tard, à Boston puis en Irlande et en Angleterre. Il tente d'y négocier les résidus de ses trésors, quelques diamants, mais ce pirate hors série se fait rouler par de mauvais escrocs, si bien que sa mort est très triste : *« Il ne vaut même pas la somme nécessaire à l'achat de son cercueil. »*

Le capitaine Kidd navigue dans les mêmes eaux boueuses. Si son nom est illustre, cependant, c'est que, même dans l'ordre du mal, il est des réputations usurpées. La vérité est que Kidd est un médiocre et un pleutre. Né à Greenock vers 1643, ce bourgeois est choisi en 1696 pour purger les côtes de la Nouvelle-Angleterre. Il s'en acquitte mollement avant de mettre le cap sur la mer Rouge. Là, il trouve son chemin de Damas mais il le parcourt dans le mauvais sens : s'étant pris de querelle avec son chef canonnier, il le traite de chien pouilleux. L'autre est vexé et logique. Il répond : « C'est vous qui m'avez fait ainsi. » Ce qui détermine Kidd à fracasser le crâne de son canonnier par le moyen d'un seau cerclé de fer. Du coup, Kidd se convertit à la piraterie mais son hypocrisie se révèle. Au contraire de la plupart de ses confrères, qui ont le courage de leurs vices, Kidd fait des mines, joue les Tartuffe, répugne à s'avouer pour ce qu'il est. Il pille, rançonne et tue, mais en cachette. Son idée est de s'engraisser de la mort des autres et de regagner l'Angleterre en homme riche et respecté. La providence veut que son plan échoue. La veuve du canonnier tué remue ciel et terre, parvient à traduire Kidd devant les tribunaux. Jugé à l'Old Bailey en 1701, il est pendu le 23 mai à Execution Dock. Son cadavre passé au goudron sera exposé sur la Tamise.

L'aventure des forbans n'est pas close mais la grande piraterie disparaît peu à peu. Commence le déclin. Il ne manque pas d'intérêt, de grandeur parfois et l'on peut nourrir de douteuses compassions pour ces équipages vieillis et voués à l'agonie de l'autre côté du monde. Ceux qui ont échappé aux hasards du métier épousent des Malgaches, s'établissent comme colons, pourrissent. Une petite piraterie subsiste le long des côtes. Plus tard, au XIXᵉ siècle, d'autres foyers brilleront, en Extrême-Orient surtout, Inde, Chine, Malaisie.

Après 1850, on peut dire qu'à la réserve de quelques cas, la grande piraterie a vécu. Les mers redeviennent libres et la raison en est claire : l'ordre social étend maintenant ses mailles sur la totalité des mers, et les moyens de répression, grâce à la navigation rapide, découragent les aventuriers. La piraterie va commencer sa survie dans la mémoire des hommes. Est-elle ensevelie ou bien ne rejaillit-elle pas sous d'autres formes et derrière des masques renouvelés? On a souvent noté que les mouvements anarchistes, sous leur aspect moderne, se développent en Europe au moment où les pirates refluent des mers. Et que l'emblème des navires réprouvés, le drapeau noir, flotte désormais à la tête des groupes libertaires.

Ces apparentements nous semblent périlleux. Ils sont désobligeants pour les anarchistes et pour les pirates en même temps. Les anarchistes ne commettent le mal qu'en vue de hâter l'éclosion d'un ordre social moins impur. Peut-être sont-ils déraisonnables, mais on ne soupçonnera pas leur désintéressement. Quant aux pirates, le goût sauvage de liberté qui les entraîne au pire ne saurait être confondu avec l'idéal anarchiste. Le sens de cette liberté pirate est ambigu. En témoigne l'aisance suspecte avec laquelle les aventuriers se coulent dans les moules les plus dissemblables de la révolte. Ils se donnent tour à tour pour anarchistes, nihilistes, millénaristes ou démoniaques. S'il est admissible que la rêverie pirate ne s'est pas dissipée du jour au lendemain avec le naufrage de leur dernier bateau, il serait frivole d'imaginer que ce défi est allé se blottir dans les seuls plis noirs du drapeau libertaire. Les résurrections de l'idée pirate, après que les bateaux l'ont désertée, sont plus troubles, plus enfoncées et plus ténébreuses. Elles excèdent nos catégories de pensée. Même engloutie, la passion pirate demeure irréconciliable.

La linguistique nous propose ici son assistance. Le mot *pirate* est un substantif. C'est ainsi qu'il opère aussi longtemps que les aventuriers épouvantent les mers. Mais, au milieu du XIXᵉ siècle, un événement singulier se produit : l'usage se répand d'employer le mot pirate également comme adjectif et les dictionnaires ratifient cet usage. Ce glissement syntactique coïncide avec la disparition des bateaux révoltés. On peut penser qu'il est le signe de l'obscure survie des pirates en même temps qu'il définit le territoire indistinct où cette survie s'accomplit.

Substantif, le mot pirate s'adaptait exactement à une certaine fonction, à un métier clairement reconnu. Il s'appliquait à un état, non à une qualité. Il désignait ce que le Moyen Age appelait une essence, une *quiddité*, non un *prédicat* ou un attribut. La qualité de pirate était indiscernable du bateau où elle s'exerçait, on ne pouvait l'en détacher. Or, au moment où cet état est rayé du monde, le mot qui le porte, bien loin de s'estomper aussi ou de devenir un terme technique réservé à une réalité historique, voici qu'il étend au contraire son champ et s'annexe un nouveau domaine de la langue par la création de l'adjectif. On en pourrait conclure que le génie de la piraterie, comme s'effondre son support matériel, subit d'étranges métamorphoses, invente des formes insolites, devient une idée errante de par le monde, libère ses pestilences de leur nuit.

> J'écrivis au recteur; ses mérites m'étaient
> connus par les revues. Il avait rencontré une
> fois un scarabée, qu'on trouve d'ordinaire avec
> des élytres bleus, dans une espèce verte, et il
> lui avait donné un nom.

> ERNST JÜNGER

Les avatars de la piraterie sont infinis. A ceux dont
nous avons brièvement illuminé les panaches ou les
malheurs, d'autres mériteraient de se joindre et chaque
navire réprouvé, chaque marin appellerait d'être évoqué
de ses ombres. On rêve de les rassembler comme
d'autres collectionnent les papillons des ténèbres, les
pierres du quaternaire ou les masques d'un carnaval.
On rêve de décrire avec des minuties de savant leurs
voilures d'encre et de poussière, les fantômes de leurs
batailles, les calligraphies embrouillées de leurs sillages, comme on repère le blason d'or et de neige d'une
classe de coléoptères, les figures funéraires d'une génération d'orchidées, les explosions suspendues qui font
d'une collection de cristaux le modèle pétrifié d'une fin
du monde. Les pirates sont ainsi : inépuisables
séquences de monstres et d'insensés, de chimères, de
dragons, de gorgones et de licornes, dont l'éclat nous
revient à travers les transparences du temps.

Pourtant, cet inventaire sera sacrifié. Tant qu'à

considérer l'étrange espèce, nous aimerions l'organiser en ses catégories, dessiner les réseaux qui la parcourent, refaire à notre modeste manière et sur nos modestes amis, le travail que faisait Linné pour les plantes ou Cuvier pour les animaux engloutis, séparer les chauves-souris du règne des oiseaux, dire que les baleines ne sont pas des poissons. Ce qui entraîne de délaisser ici la voie de l'histoire et de la chronologie pour effectuer des coupes, dans la trame de cette histoire, ou lire les configurations qui règlent les navires révoltés. On voudrait déterminer, dans l'arbitraire de leur grouillement, les lois qui combinent les formes du délire, les familles qui les unissent, les espèces ou les genres qui les classent.

Deux grilles successives se proposent à ce déchiffrement. Les pirates, s'ils sont inhumains, sont des hommes et l'on peut dire si, dans ces figures, ne sont pas à l'œuvre les mêmes mouvements dont sont emportées d'autres révoltes de l'histoire. Certains forbans se rangent aux lois de l'anarchie, quand d'autres sont des socialistes sauvages ou des nihilistes éperdus.

Une seconde lecture, à un niveau plus enfoui, doit être tentée dans la suite. Car s'il est vrai que nous discernons, dans la peuplade, des nihilistes, des anarchistes ou des millénaristes, toutes ces révoltes contraires se rassemblent aussi dans un canton unique de l'espace : il faut alors explorer le territoire où prennent sens commun leurs énigmes éparpillées. La question est de savoir pourquoi la table où leurs équations se résolvent au zéro est la table des eaux.

> Ami Sancho, il faut que tu saches que je
> suis né par la volonté du ciel en ce présent
> âge de fer, afin d'y faire revenir celui d'or,
> ou « le Doré » comme on a coutume de le
> nommer.
>
> CERVANTÈS *(Don Quichotte)*

Le décor est celui de *Paul et Virginie*. On y reconnaît des lagunes et des palmes, de grands ciels ronds où passent des soleils immuables, les sels d'or de la haute mer et les parfums des latitudes tropicales. Là, dans un village de rondins, les pirates du capitaine Misson vaquent à leurs occupations; la lumière est celle de Virgile, d'Hésiode et de Claude Lorrain; les forbans gouvernent leurs troupeaux de bœufs parmi les champs de manioc, au flanc des collines de latérite rouge. Les odeurs de vanille tournent dans l'air du soir et la joie des pirates est de s'abandonner à l'ordre des saisons, aux couleurs immobiles de la nuit, à la léthargie des milieux du jour. Ces forbans ont de la candeur, ils s'aiment et ils se respectent, l'Évangile est leur règlement et la nature leur parle de la splendeur de Dieu. Le mien et le tien se confondent, l'amour a tué tous leurs vices. On dirait que le XVIIᵉ siècle a choisi l'île de Madagascar pour exhumer, le temps de quelques années, les images ensevelies du Paradis.

69

Le capitaine Misson, dont la réalité est attestée par le scrupuleux Johnson, n'est pas un pirate ordinaire. Certains le tiennent pour une aberration, un accident de parcours, une sorte de cancer sur la robuste racine de la piraterie. Et le premier réflexe est de l'exclure de la corporation car sa présence angélique trouble les configurations déjà bien embrouillées de l'ordre pirate. Pourtant, ce miséricordieux est un forban, du moins il se donne pour tel, il arraisonne les bateaux, il tue si les circonstances l'y forcent et ces meurtres scellent son destin. Ils l'enferment dans le cercle damné de la piraterie et nous devons prêter du sens à son stupéfiant projet : cette force vouée au mal, dont il emprunte les masques, Misson s'est juré de la divertir vers le bien. Encore, il va plus loin et nous devons le suivre au bout de sa folie : Misson rêva probablement d'utiliser la piraterie en vue d'effacer toute l'histoire du monde et d'en inaugurer une autre.

Il sortait d'une vieille famille noble de la Provence. A l'école, ses dons pour les mathématiques et la logique sont signalés mais ses songes vont toujours à la mer et il s'engage sur un navire de Louis XIV, *la Victoire*. Une escale en Italie lui fait connaître un moine dominicain, Carracioli, qui est une tête fantasque. Ce Carracioli, communiste, théiste et mystique tout à la fois, forme une ébauche de Jean-Jacques. Parleur intrépide, il passe ses journées à refaire le monde, la société et Dieu. Misson est subjugué mais subjugue à son tour Carracioli qui jette son froc aux orties pour s'embarquer sur *la Victoire*. Le sort est avec eux : *la Victoire* est attaquée par un navire anglais, au large de la Martinique. Tous les officiers français sont tués, à la réserve de Misson. Celui-ci en profite pour proposer à l'équipage de choisir une vie de liberté. *La Victoire* devient un navire pirate.

Les marins sont aux anges, ils ne savaient pas, les pauvres, quel redoutable mouton blanc, en la personne de Carracioli, ils faisaient entrer dans leur fauverie. L'ancien dominicain va les posséder tous, par son talent d'orateur. Le premier converti à la parole est Misson lui-même et cela confère un style singulier à ce bateau révolté : loin de partager le mutisme de ses confrères, Misson est un terrifiant parleur, un Athénien égaré dans la république des Spartiates. Si bien que dans l'océan Indien, puis à Anjouan, dans les Comores, à Madagascar enfin, une répétition générale de la grande dramaturgie révolutionnaire se déroule, loin de toute oreille civilisée et pour la dilection d'une bande de mauvais garçons. En plein XVIIe siècle, tous les thèmes de l'éloquence révolutionnaire déferlent sur *la Victoire* et toutes les figures de la rhétorique. Le Verbe s'est fait pirate.

La Victoire annonce la Sorbonne de mai 1968. Ce bateau prend l'allure d'un meeting ininterrompu. Misson ne peut monter un coup ou bien couper la gorge à un ennemi sans y ajouter un flot de philosophie. Capture-t-on des nègres, il faut non seulement les relâcher mais encore essuyer un discours sur l'égalité des races. Massacre-t-on par malencontre le capitaine d'un navire anglais, on l'enterre et ses obsèques seront ornées d'un prêche sur la non-violence. Des marins s'enivrent et on leur assène quelques couplets sur la tempérance et le manteau de Noé. Enfin, si le choix d'un pavillon se pose, nouvel épithalame pour expliquer que la couleur noire messied à la liberté et que l'emblème des pirates missoniens sera blanc et frappé de l'inscription *Dieu et Liberté.*

Un jour, Misson a la sottise d'accueillir à son bord quelques pirates hollandais. Malheur! Ces étrangers introduisent le mal dans le bien et l'on sait les dévastations que le microbe le plus malingre accomplit en milieu stérile. Ainsi des pirates de Misson. En un clin d'œil, leur vertu se flétrit par le contact des Hollandais. Ces voyous vont même jusqu'à les instruire dans l'art des gros mots. C'en est trop pour le capitaine. Il éclate. Il gronde les Hollandais, leur reproche de consacrer au péché le langage que Dieu leur a donné et de noyer « cette unique faculté qui distingue l'homme de la bête, la Raison », ce qui prouve qu'il avait lu Descartes. Il ajoute que s'il surprend un Hollandais en train de proférer un vilain mot, il lui appliquera « le fouet et la bastonnade ».

Jusqu'ici, Misson n'est qu'un excellent marin, un pirate plus poli qu'un autre et un redoutable manieur de phrases. La suite montre que son dessein était plus ambitieux. On se rappelle que Misson est un fort logicien. Or, si vous aimez les sciences exactes d'une part, l'âge d'or de l'autre, et si vous disposez d'une île comme Madagascar, que faites-vous? Vous vous mettez dans la tête de refaire la société et vous abordez droit dans l'utopie.

Sur d'autres utopistes, Misson l'emporte par plusieurs avantages : il contrôle un vaste territoire que la mer, la mer incorruptible, protège de la civilisation; il commande un personnel trié sur le volet, ces forbans vertueux que Carracioli endoctrine et assomme depuis des mois. Quant aux ressources de la communauté, ces doux sont des marins du premier mérite et l'on peut toujours boucler les fins de mois difficiles en coulant les riches navires marchands des mers du Sud. Toutes ces conditions rassemblées permettent que fonctionne sous les Tropiques, et dans le siècle impur de Louis XIV, une de ces utopies froides, justes, généreuses et ennuyeuses comme un théorème.

Ennuyeuses – le mot nous fait remords mais on sait ce qu'il advient aux sociétés qui veulent établir la liberté sur la terre : leur premier souci est de jeter sur la cité un épouvantable réseau de règles, de clauses et d'interdits. Misson n'échappe pas à cette inclination. Dans la république de *Libertalia,* qu'il crée dans le fond de la baie de San Diego sous la protection de deux batteries de quarante canons, les pirates sont encoconnés dans un épais lacis de principes et de contraintes. Chacun y est aussi autonome qu'un rouage dans la machinerie d'une horloge. Décrire tous ces règlements ennuierait. Mais aurait l'avantage de montrer que Fourier ou Saint-Simon ont eu d'autres précurseurs que Thomas More.

A *Libertalia* règne un socialisme sourcilleux. L'argent est conservé dans une cagnotte commune et nulle haie n'est tolérée entre deux lopins de terre. Autre chose : le XVIIe siècle n'était pas tendre pour les peaux de couleurs, on n'était pas loin du temps où les Espagnols dépêchaient des Jésuites en Amérique pour décider si les Indiens avaient une âme. Or, *Libertalia* décrète une égalité absolue entre toutes les races. Misson symbolise son antiracisme en mélangeant au réfectoire, et selon des dosages précis, les diverses couleurs de peau – Sem, Cham avec Japhet.

Ce trait éclaire le projet de Misson. Sous couleur d'édifier une société équitable, notre pirate effectue une remontée dans le temps. Il quitte les rivages désastreux du XVIIe siècle pour cingler vers l'âge de bronze, l'âge d'argent, l'âge d'or enfin. On comprend mieux alors le choix de l'île. Jean-Jacques Rousseau, maître en ces matières, a marqué le rôle qu'ont joué les îles dans la genèse des langues et des sociétés : « *Des révolutions du Globe détachèrent et coupèrent en Iles des portions du continent. On conçoit qu'entre des hommes ainsi rapprochés, et forcés de vivre ensemble, il dut se former un Idiome commun plutôt qu'entre ceux qui erroient librement dans les forêts de Terre ferme. Ainsi il est très possible qu'après leurs premiers essais de Navigation, des Insulaires aient porté parmi nous l'usage de la parole; et il est au moins très vraisemblable que la Société et les langues ont pris naissance dans les Iles, et s'y sont perfectionnées avant que d'être connues dans le Continent.* » Curieux texte, qui semble avoir été écrit en songeant à Misson, et que Michel Butor commente de la sorte : « *C'est dans une île que l'on peut espérer recommencer pour ainsi dire l'histoire humaine, et c'est parce que la Corse est une île que Rousseau essaiera d'y appliquer déjà les principes du* Contrat social. »

« Recommencer pour ainsi dire l'histoire humaine », fort bien mais encore faut-il effacer la tache originelle ou ses conséquences. L'inégalité des races en est une et Misson s'acharne aussi contre les autres. Il impose à *Libertalia* une chasteté décourageante, qui sera ensuite remplacée par la polygamie (c'est un trait des utopies que d'osciller entre la continence et l'orgie sexuelle). Plus important encore, il règle le problème du langage. Son instinct ne le trompe pas. Si l'apparition des langues séparées est bien une des suites du péché originel, il convient alors de remonter en deçà de la tour de Babel, jusqu'en ces âges où la nature se laissait lire comme un livre sur lequel le doigt de Dieu avait imposé ses signatures. Misson sait bien que cette lecture innocente du monde est perdue comme est ternie la transparence des âmes. Du moins peut-on faire effort en direction de l'unité perdue en recréant un langage synthétique : Misson invente un *esperanto* des tropiques, un *volapuck* pirate.

La pureté de Misson ne sera pas mise en doute. Et pourtant, si l'on ouvre son cœur, est-il sûr que le froid et l'échec n'y règnent pas ? La conscience du capitaine devait bien un peu souffrir car enfin, ce règne de l'innocence première, cet âge d'or, il fallait bien les monnayer avec la vie des infortunés marchands qui nourrissaient l'entreprise. Certes, Misson est un meurtrier délicat et sa politesse, dans l'assassinat, est exemplaire, bourrelée de remords, il n'empêche qu'il tue. Peut-être alors, rompu au maniement des idées comme il semble qu'il le fut, méditait-il sur la difficulté d'être pirate et saint en même temps. Cet assemblage contre nature mérite un doigt de commentaire.

L'histoire universelle est fertile en utopies : Millénarismes et chiliasmes, attentes de la parousie ou socialismes prophétiques, le monde pullule de ces tentatives. L'intérêt de celle de Misson, et ce qui la sort du rang, est qu'elle croît sur l'arbre méphitique de la piraterie. Or, que cette confrérie du mal engendre, ne serait-ce qu'une fois, une confrérie du bien ne saurait passer pour miracle. Il faut qu'une nécessité y pousse, ce qui suggère deux réflexions : la première est que le mal et le bien font un affreux embrouillamini, ils organisent une sorte de mobile dont les figures échangent au moindre souffle leurs lieux et leurs répliques. La folie et l'échec de Misson le confirment : à vouloir évacuer le mal du monde, à cautériser les vieilles blessures du péché, on n'aboutit qu'à déplacer le malheur, comme l'anneau dans le jeu du furet. Quant à l'anéantir, bernique!

Une seconde idée emprunte à la mystique. Comme on parle de la communion des saints, ne peut-on parler d'une *communion des pirates?* On peut imaginer une énigmatique liaison entre les pirates de Dieu et ceux du Diable, évoquer même une sorte de divison du travail, Misson ayant reçu la tâche de concentrer sur ses épaules la totalité du bien qu'était capable de produire la sombre confrérie de la mer. Un écrivain comme J.L. Borges, à la fois théologien et farceur, pourrait s'amuser de ces thèmes : soit que l'on tienne Misson pour coupable d'avoir capturé et mobilisé à son seul égoïste profit le peu de fraternité et d'innocence qui traînaient dans les âmes de ces bougres, soit qu'au contraire Misson se soit sacrifié, à la manière d'un Christ inverse, et qu'il ait pris en charge toute la bonté pirate, de manière à en débarrasser le reste de la communauté et qu'elle puisse préserver son beau noir, sa pureté de gel et d'enfer, sa perfection dans le désespoir d'être.

Ces songeries n'ont d'autre conséquence que de lier la tentative de Misson à l'ensemble du projet pirate. Si ce lien est admis, l'aventure malgache peut répandre de la lumière sur les figures closes des autres forbans. Elle aura alors atteint son but, même si les palétuviers, les crabes et les pourrissements des tropiques ont si bien dévoré le village de l'utopie qu'aucun vestige n'en fut jamais retrouvé. Ce retour au désert et au vide, bien loin d'infirmer le témoignage de Johnson, augmente son authenticité. Un tel effacement de la mémoire obéit à la double nécessité de l'utopie et de la piraterie.

L'une et l'autre, parce qu'elles opèrent dans les marges de l'histoire, ont la fureur de s'abolir : le nom d'*utopie,* déjà, signifie *nulle part,* et le pirate n'est-il pas celui dont aucune géographie terrestre ne peut contenir les vagabondages essentiels ? En cette manière aussi, l'insolite pari du capitaine Misson, et parce qu'il fut perdu, nous paraît irréprochable.

> Dis-moi donc si tu es la demeure du prince
> des ténèbres. Dis-le-moi... dis-le-moi, océan
> (à moi seul, pour ne pas attrister ceux qui
> n'ont encore connu que les illusions), et si le
> souffle de Satan crée les tempêtes qui sou-
> lèvent tes eaux salées jusqu'aux nuages. Il faut
> que tu me le dises, parce que je me réjouirais
> de savoir l'enfer si près de l'homme.
>
> LAUTRÉAMONT

Le capitaine Misson occupe l'un des pôles de la révolte pirate : blessé par une société cruelle, la piraterie lui est occasion de forger une contre-société, préservée des malheurs de l'histoire et lavée de la faute originelle. Il utilise son navire à déceler la faille, la porte dérobée par où échapper à une création impure. S'il échoue à la fin, c'est que son entreprise n'est pas de ce monde : il échange le péché originel contre une autre souillure semblable, celle qui colle à sa petite troupe dès lors qu'elle a tué. La greffe d'Abel sur Caïn est une greffe délicate.

La logique et le goût de l'équilibre veulent que le pôle contraire soit occupé par un autre pirate. Il faut s'attendre qu'un autre marin révolté ait caressé un rêve inverse et identique à celui de Misson : former une contre-société vouée à Satan et dans laquelle le mal présente un degré de transparence égal à la transparence dont Misson veut marquer le bien.

C'est le capitaine Lewis qui remplit cette charge.

Tout ce que dit la chronique à son propos le désigne comme un homme frappé du signe de Satan. Son apparition s'accompagne d'une lumière surnaturelle : on le découvre, tout gamin, sur le navire d'une crapule nommé Banister, au large de Port-Royal, et Port-Royal, capitale de la Jamaïque, est au XVIIᵉ siècle une cité maléfique, consacrée à l'or, à l'orgie et au sang. Parmi l'équipage de Banister, il y a un enfant. Nul ne le connaît, nul ne sait d'où il arrive mais il est dans un tel état de transe qu'on doit le suspendre par le milieu du corps au mât d'artimon afin de le calmer. Après ce traitement, l'enfant est débarqué. Il reprend la mer. Ce sera le capitaine Lewis.

Ce surgissement sur la mer le situe déjà dans la mouvance de Satan. Sans naissance, sans famille et sans lieu, Lewis appartient au règne de l'inhumain. Tous les actes qu'il commet dans la suite restent fidèles à ce signe. Il se désigne lui-même comme créature du diable. Le prince des ténèbres a des égards pour lui, vient lui rendre de temps en temps une petite visite à bord et lui donne ses commandements. Lewis les applique. Son navire rôde sur la mer comme l'horreur dans le monde.

Deux autres traits attestent que Lewis est possédé du mal. Le premier est qu'il annonce à ses marins l'heure de sa propre mort et que la mort arrive. Le second est qu'il a le don des langues. Ce gamin sans père et sans patrie parle couramment l'anglais, le français, l'espagnol et le caraïbe.

Le don des langues est décerné de préférence par le Saint-Esprit, c'est même une de ses spécialités. L'épisode de Lewis dit que le diable en dispose aussi et l'on savait déjà que les sorcières de la Renaissance étaient volontiers polyglottes. Quoi d'étrange? Si le mal et le bien sont symétriques, s'ils se dévisagent éternellement dans un même miroir, on conçoit bien qu'à l'Esprit-Saint réponde un esprit infernal de même rang et de même fonction.

Les deux figures les plus pures de la piraterie, Misson et Lewis, dévoilent alors leurs parentés secrètes. L'une et l'autre entretiennent des relations insolites avec le langage : Misson qui est le bien s'acharne à ressusciter l'unité perdue des langues humaines. Lewis qui est le mal supporte d'un cœur léger la dispersion des langues – et pourquoi s'en offusquerait-il puisque c'est son maître, par la virulence du péché originel, qui a installé la fragmentation dans l'être et dans les langues – Lewis, donc, accepte la multiplicité de la parole mais il obtient de son patron le privilège de les entendre toutes.

Ces considérations affirment sans équivoque la nature diabolique de Lewis. Le plus surprenant, pourtant, est que Lewis ait réclamé lui-même cet état. Une telle revendication est exceptionnelle dans les communautés de révoltés. Invoquent le diable, d'ordinaire, des personnes qui se gardent d'accomplir en effet le mal – jolies dames de Huysmans que fascinent les messes noires, intellectuels fourbus de Saint-Germain-des-Prés, qui tournent de l'œil pour une mouche dans leur café mais se donnent pour princes des ténèbres.

Les réprouvés conséquents, ceux dont les mains sont rouges, se montrent plus circonspects. Ils connaissent le diable et savent qu'on ne doit pas plaisanter avec lui, il est bien trop méchant. Or leur cas est déjà assez mauvais; avec toutes les vilenies qu'ils ont faites, ils ne se soucient pas d'y ajouter une autre raison d'aller aux flammes. Le diable n'est pas leur ami.

Jean Genet a relevé ces prudences chez les assassins et chez les gangsters : « *Sauf chez les enfants, ce n'est jamais le Mal, un acharnement dans le contraire de votre morale qui unit les hors-la-loi et qui forme les bandes... Il paraîtrait logique de prier le diable, aucun voleur n'oserait le faire sérieusement. Pactiser avec lui serait trop profondément s'engager, tant il s'oppose à Dieu que l'on sait être le vainqueur définitif. L'assassin lui-même n'oserait prier le diable.* »

Cette idée est logique, convaincante et repose sur l'expérience. Elle présente un autre avantage, celui de restituer au diable la lumière intolérable et mortelle dont il nous aveugle. De gentils intellectuels peuvent flirter avec lui, c'est qu'ils ont affadi sa figure et réduit le diable aux dimensions d'un gadget culturel. Les assassins, eux, savent que Satan est un maître sans pitié. On ne décroche pas ses doigts d'acier des gorges où ils s'appliquent.

La révérence au diable, de Lewis, l'allégeance au bien, de Misson, suggèrent que la révolte pirate présente des traits forts et originaux. Nulle autre révolte collective ne les offre, à la réserve des révoltes mystiques où se recrutent les fanatiques de l'Apocalypse ou de l'Éden : soumission intrépide de Misson au bien, pacte faustien de Lewis avec Méphisto, ces manières portent la révolte pirate à un très haut degré d'incandescence, l'installent un peu au-dessus – ou au-dessous – de l'humaine condition, la distinguent de toutes les rébellions à quoi on serait tenté de l'apparier.

> Mais avez-vous la prétention de me dire
> exactement quelle est la proportion du mal
> dans l'apparence du mal...
>
> WILLIAM FAULKNER

Misson et Lewis patrouillent sur les confins du territoire pirate. Il leur revient d'en dessiner les frontières et d'en tenir les avant-postes. Cette mission n'est pas de tout repos, ils s'en acquittent sans défaillance. Les autres forbans sont faits d'une pâte plus lourde et plus molle, ils n'ont pas leur pureté. Pourtant, dans l'amalgame de désirs, de faiblesse, d'aveuglement ou de grossièreté dont ils sont fabriqués, on sent bien qu'opèrent les mêmes fatalités, même si ces fatalités naufragées délivrent mal leurs secrets. S'il nous faut ici déchiffrer leurs âmes, on demandera secours à Lewis et à Misson. La lumière scintillante ou noire, chaude ou glacée qui émane de Misson ou de Lewis aura chance de porter au jour les hantises dont sont lestés tous leurs collègues en piraterie.

Il faut convenir que les épigones de Lewis sont plus nombreux que ceux de Misson. Le capitaine Fly, qui se spécialise dans les côtes d'Amérique et des Antilles, illustre la formule de William Blake : « " Va

au diable " ragaillardit et " *Dieu te bénisse* " engour-
dit. » Si cet apophtegme a du sens, il s'ensuit que
Fly est un dégourdi. Toute son épopée est bercée du
bruissement des jurons consacrés au diable. Fly frôle
parfois le sacrilège comme le suggère son introni-
sation dans la profession. Ayant fomenté une révolte
à bord de son bateau, l'*Elisabeth-Snow*, il se saisit
du capitaine. Celui-ci pleurniche, c'est bien naturel,
réclame le temps de la prière. Fly se fâche : « *Dieu
le damne, dit-il, puisqu'il est si diablement bondieu-
sard, nous allons lui donner le temps de dire ses
prières, je serai le curé.* » Puis il débite une oraison
et massacre le capitaine.

Low, qui est contemporain de Fly, est taillé dans le
même bois. S'il n'a pas laissé la mémoire d'un ami du
diable, il a quelque accointance avec lui. Comme
nombre de ses confrères, il évoque les empereurs
romains de la décadence. Lire l'histoire des grands
capitaines de la flibuste ou de la piraterie, c'est baigner
dans le parfum corrompu qui monte de Suétone. Non
que les aberrations sexuelles tiennent une grande part
dans les pirates – on en dira les motifs – mais on voit
grouiller, dans la cervelle de ces tyrans minuscules, les
mêmes obsessions de sang, de solitude et de mort dont
sont flétris les Romains de la décadence. Une tristesse
funèbre les assemble comme une certaine saturation
du sang qu'ils versent, une tendance à philosopher sur
la condition humaine et la vanité des choses. Certains
forfaits de Low sont aggravés de ce même humour
désenchanté qui étonne dans l'abominable figure de
Caligula. On sait que Low aimait tuer ses prisonniers
en les débitant en portions. Lassé de ce divertissement,
l'idée lui naît un jour de déroger au rituel. Il ordonne

que soit observée une pause, le temps que le prisonnier reprenne des forces en mangeant ses propres oreilles salées et poivrées.

Cette ironie est sinistre. Teach, qui est une brute égale, apparaît plus méditatif. Il tirait dans le noir pour observer ensuite la conséquence de ses balles sur les assistants. Il expliquait cette manie par une formule qui du point de vue de la logique fait problème et dont le mérite est de situer bizarrement la question de l'être : *« Si je ne tuais pas ainsi quelqu'un de temps en temps, ils finiraient par oublier qui ils sont. »* Le même Teach, comme on lui demande, pour le cas de sa mort, où il a caché ses trésors, répond *« qu'il n'y a que lui et le diable qui le sussent et que ce dernier aurait le tout »*. Après sa mort, un homme inconnu se promène souvent sur le pont du navire. Un jour, l'inconnu n'est pas au rendez-vous; le soir même, le bateau fait naufrage.

La présence du diable est également attestée parmi l'équipage du capitaine Roberts. Un certain Sutton, qui va être pendu, interpelle un de ses compagnons de malheur qui est occupé à prier :

« – Que prétendez-vous gagner par toutes vos prières?

« – Le ciel.

« – Le ciel, êtes-vous fou? Avez-vous jamais entendu dire qu'un pirate soit entré dans le ciel? Moi, je veux être dans l'enfer. On y est bien plus agréablement et dès que j'y arriverai, je saluerai Roberts de treize coups. »

Simple débordement d'un truand, dira-t-on, et c'est bien évident, mais que ces blasphèmes soient proférés au moment de la corde leur donne une certaine gravité. A une autre occasion, le même équipage de Roberts – et ceci étonne car Roberts est un homme bon, tolérant, musicien et pieux – résume ainsi sa doctrine : *« Nous*

nous moquons du Roy, de son parlement et de son pardon.
Nous craignons encore moins la potence. Si nous sommes
vaincus ou surpris, nous mettrons le feu aux poudres et
nous irons gaiement et en bonne compagnie dans l'enfer. »

Ne nous attardons pas sur ces sires, ils sont tristes, et
bien d'autres traits de diablerie pourraient être recensés.
Quant aux hommes de bien, aucun ne saurait rivaliser
avec le philosophe Misson. Ne pas en conclure que ne
figurent pas, dans cette collection de canailles, des
hommes sensibles, délicats, généreux ou scrupuleux. Mais
ces vertus n'opèrent, le plus souvent, qu'à l'intérieur
de la communauté des parias pour se changer en leur
contraire dès lors qu'on affronte le reste des hommes :
« *Bonté en deçà du bastingage, noirceur au-delà.* » On
peut cependant signaler quelques figures touchantes. La
plupart font partie des ratés de la confrérie, ceux qui
ont la poisse et dont toutes les entreprises tournent à
malheur. Ainsi l'absurde major Stede Bonnet, qui eût
mieux fait de demeurer dans son rocking-chair mélanco-
lique de la Barbade, à jouir d'une vieillesse estimée, et qui
ne méritait sûrement pas d'être pendu comme il le fut.

Un autre forban intrigue, le bon Nathaniel North.
Il est né aux Bermudes, d'un père scieur de long. A
l'époque, les Bermudes grouillent d'aventuriers et, le
petit Nathaniel, comment ces hommes ne le fascine-
raient-ils pas ? Ses premiers jeux, ses panoplies sont
constitués par l'arsenal pirate, tromblons et coutelas,
drapeaux noirs et pistolets. Une telle éducation ne peut
que porter de beaux fruits et North croise dans l'océan
Indien sur un bateau révolté, en 1700. Négligeons les
détails, il pirate comme tout un chacun. C'est seulement un peu plus tard qu'il est la proie du démon du
bien, au moment où, lassé de ses longs voyages, il crée

une base à Madagascar, dans la région de Fenérive. La grande île possède décidément un charme paradisiaque, elle est fatale aux mauvaises âmes, North après Misson.

Nathaniel et son équipage construisent des cases, cultivent la terre. L'harmonie, la concorde sont obligatoires. North va jusqu'à interdire à ses marins de s'adresser la parole sur un ton bourru. Ce pacifisme et tant de douceur impressionnent les indigènes qui désignent North pour leur juge et lui exposent leurs différends. De beaucoup de traits de bonté, celui-ci suffira : un jour, North apprend qu'un bateau français a laissé un groupe d'hommes en détresse dans le sud de l'île. Il se met en route, parcourt une centaine de lieues le long des plages et découvre enfin un survivant qu'il ramène au camp et conforte. Johnson qui raconte l'affaire en extrait cette jolie morale : *« C'est là un acte d'humanité qu'il est bon de signaler à tant de personnes qui prennent les dehors de la religion et agissent avec plus de barbarie que ceux que l'on considère comme l'opprobre du monde. »*

Cette histoire évoque celle de Misson. Les deux hommes diffèrent pourtant. North nous touche mieux; il est plus modeste et moins doctrinaire. Sa bonté rayonne sans le soutien de la philosophie, parce que son âme est pétrie d'amour. Si son cœur est alourdi de remords, et son âme torturée, il s'accepte tel qu'il est et n'érige pas son chagrin et ses nostalgies en système conceptuel. Sa fin est poignante. Des indigènes l'assassinent à la suite d'une querelle obscure. Les hommes de North sont navrés, ils trahissent pour la première fois les préceptes de leur bon capitaine et se livrent à un horrible massacre de malgaches. Nathaniel, du Paradis où il est certainement monté, a dû verser des larmes.

Il faut suspendre un instant notre inventaire des
catégories de la révolte pirate pour dire un mot des
problèmes religieux : c'est qu'ils n'ont pas cessé de nous
solliciter, avec la candeur mystique de Misson, la fureur
luciférienne de Lewis ou la passion sacrilège de Low
et de Fly. Or, ces cas n'ont rien d'exceptionnel. Le
pirate est un homme religieux. Sa tentative se développe dans un monde *sacré :* le dédain porté à la cité,
à la société, au siècle et aux lois vise en réalité l'œuvre
des hommes, l'immanent, le transitoire, c'est-à-dire le
profane. L'envers de cette attitude laisse prévoir un
engagement assez résolu dans le religieux.

N'en faisons pas des bigots. Ils étaient rudes, facé-
tieux, grossiers et cruels et l'on imagine que le Bon
Dieu, la Vierge ou Joseph n'étaient pas trop bien traités
dans leurs conversations. Leurs jurons étaient épouvantables mais ces imprécations sont usuelles à ces
époques. La familiarité de l'homme et de son Dieu, la
naturelle circulation entre le monde d'en haut et celui

d'en bas l'expliquent. Le respect de Dieu suivait des voies déconcertantes.

Le Christ est constamment associé à l'aventure pirate. On le nomme comme son protecteur ou son aide, on lui réclame son assistance si l'on prépare un coup vraiment fourré. Est-ce tellement bizarre ? Ne parlons pas des ignominies de la croisade conduite au nom du Christ. Ne parlons même pas des horreurs de l'Inquisition. Ce sont là affaires de théologiens. Mais le peuple, lui aussi, associe selon des dosages singuliers le mal avec la transcendance. On ne recule pas à exiger de Dieu qu'il vous donne un petit coup de main pour accomplir des crimes. A la fin du Moyen Age, Du Clercq raconte le cas de personnes qui vont assassiner un parent ou un proche en emmenant avec eux un prêtre afin de se confesser ensuite à toute allure et d'évacuer, dans les délais les plus brefs, le péché. Du temps de la vieille artillerie, les manuels d'artificiers donnent certaines prières qui servaient de mesure au temps que mettait l'étincelle à atteindre la charge, donc pour faire partir le boulet qui tuera quelques hommes.

Le pirate innove ainsi beaucoup moins en matière de religion qu'en d'autres domaines. Mais il enrichit sa pratique du christianisme de cette grâce incongrue, de cette fantaisie macabre qui lui est propre. Nulle affaire n'exprime mieux ces parfums pestilentiels que celle du capitaine Daniel et du curé.

Le capitaine Daniel sévit dans les Antilles au XVIIe siècle. Une nuit, il mouille au large des Saintes, petites îles qui se trouvent en vue de la Guadeloupe. Il débarque une troupe à terre. Elle s'empare de la maison du curé. Pour Daniel, c'est une aubaine, il y a belle lurette que des circonstances contraires ont empêché son équipage de se purger l'âme en assistant au saint sacrifice. On hisse le curé à bord, avec ses saintes huiles et ses vases; un autel de campagne est dressé sur la dunette et la messe commence. Enthousiastes à leur ordinaire, les flibustiers saluent les premiers répons par une terrifiante décharge de leurs tromblons et ils recommencent au Sanctus.

Tout cela est assez gai. Mais, un incident vient gâcher l'atmosphère. On arrive à l'élévation. Le prêtre la célèbre dans un silence recueilli. Éclate un coup de revolver, isolé, celui-là, et que suit un hurlement. Le prêtre achève son élévation, tremble, se retourne et aperçoit une mare sanglante sur les lattes du pont, un forban mort et le pistolet du capitaine Daniel qui fume encore. Et Daniel, très serein : *« Ne vous troublez pas, mon père, c'est un coquin qui a manqué à ses devoirs et que j'ai puni pour lui apprendre à mieux faire. »* Cette histoire est relatée par le père Labat, grand connaisseur en flibuste, et qui tire ainsi la morale, non sans ingénuité : *« Voilà une méthode efficace pour l'empêcher de retomber dans ses fautes. »*

La capture des curés ou la réquisition de leurs services posaient des problèmes ardus à ces pieux aventuriers. Ce souci est constant chez Barthelemew Roberts. Roberts a laissé un grand souvenir dans la mémoire pirate. Par quelques traits, il s'apparente à Misson ou à North, même s'il était moins doctrinaire, moins systématique et moins bon. Il exigeait de ses hommes l'observance d'une morale rigoureuse. Il était abstinent. En ce qui concerne la religion, il était scrupuleux. Il accordait congé aux musiciens du navire le jour du Seigneur. Si l'on ajoute qu'il était beau et brun, on concevra que son nom ait joui d'une grande illustration, d'autant que la férocité de ses actions maritimes était incomparable.

En avril 1721, il longe la côte de Guinée en massacrant ce qu'il rencontre. Dans un lot de prisonniers, il repère un clergyman. Enchanté de sa trouvaille, Roberts, qui se fait tant de soucis pour la pureté de son équipage, propose à l'homme de devenir son aumônier. Le prêtre n'est pas favorable à cette idée. Il le dit à Roberts. On discute ferme et Roberts, bon bougre, finit par libérer le clergyman. Ce trait de courtoisie est touchant. Il est vrai que Roberts se saisit tout de même, dans la cure, d'un tire-bouchon et de trois livres de prières.

On avait accoutumé, en ces époques, de demander à chaque homme de l'équipage au moment où l'on adoptait un règlement de bord, d'en jurer le respect sur la Bible. Il pouvait en résulter des complications. Le jour où le capitaine Philips, qui commandait le *Revenge*, et se spécialisait dans la chasse aux pêcheurs de Terre-Neuve, voulut procéder à la cérémonie, malheur, on ne découvrit pas la moindre Bible à bord. Que faire en cette extrémité? Après consultation, on décide que la Bible sera remplacée par une hache et l'on jure sur son tranchant.

Le curé Munoz qui apparaît plus tard, dans les Antilles du XIXe siècle, est une figure plus énigmatique. Ce prêtre avait le sang vif. Il était tombé amoureux d'une superbe Russe aux cheveux d'or, elle s'appelait Wanda, et Munoz dans son élan poignarde le mari de Wanda et ses amants. Il s'empare d'un navire français, l'*Emmanuel*, le badigeonne en noir, l'enrichit d'un pavillon également noir et s'en va guerroyer sur la mer. Il s'était ménagé un pied-à-terre à Oruba et il s'en passa de belles. Il y célébrait, nous dit la chronique, des messes noires. Son habitude était de faire griller ses prisonniers pendus par les bras à une potence. Cette manie est troublante si l'on songe que Munoz est espagnol et prêtre. Ses ancêtres étaient les inquisiteurs.

Munoz n'est pas le seul curé forban. Dans les années 1680, un boucanier range ses escopettes et rentre en Angleterre. Dès son arrivée à terre, il s'informe sur son vieux copain Blackburne. C'est pour apprendre que cet ancien flibustier est maintenant Lancelot Blackburne, archevêque d'York. L'histoire est-elle exacte? Horace Walpole la tient pour telle et d'autres indices confirment que ce prélat était un drôle de paroissien. Philip Gosse rapporte que l'archevêque de Canterbury, qui avait été d'abord évêque d'York, lui a parlé de son lointain prédécesseur en termes inquiétants. Selon lui, Blackburne avait pour échanson le bandit de grand chemin Dick Turpin. Certaines nuits, l'archevêque et son échanson quittaient leur église. Ces nuits-là, la diligence du Nord du comté était arrêtée et mise à sac.

Le Japonais Yajiro pose d'autres questions. Lors d'une escale à Malacca, ce corsaire entend François-Xavier et se convertit au catholicisme. Yajiro tombe dans la dévotion. Il accompagne François-Xavier au Japon et prend la direction de la jeune Église catholique que le saint vient de fonder. On voit l'idée de François-Xavier: donner à cette église un caractère national en coiffant les missionnaires portugais d'un supérieur japonais. Malheureusement, les prêtres portugais sont jaloux comme des poux. Ils font des misères à Yajiro. Celui-ci est découragé. Il jette son froc aux flots, se rembarque et revient à la piraterie. Il meurt au cours d'un raid en Chine.

A la fin du XIXe siècle, les Philippines possèdent un forban assez illustre, Bully Hayes. Ce musicien animait un petit orchestre itinérant en Nouvelle-Zélande. Mais la musique l'ennuie et il se fait *black birder*. Ce terme désigne une profession rare : on accoste dans une île éloignée; on fait amitié avec les indigènes, de façon qu'ils montent à bord, on largue les amarres, on gagne une île voisine et l'on y revend ses captifs à un planteur. Hayes finit par se faire prendre par les Espagnols. Dans sa prison, il étudie la théologie et bientôt sa science fait merveille. L'archevêque de Manille le fait remettre en liberté. Hayes reprend la mer et ajoute une nouvelle corde à son arc puisqu'il devient voleur de navires. Capturé derechef, il est gardé à vue dans l'île britannique de Samos mais c'est une île, on le laisse libre en attendant son transfert en Australie. Toujours inventif, il crée une entreprise de pique-niques. Évasion rocambolesque. Retour sur la mer. Son maître d'équipage lui fend le crâne d'un coup de barre de fer et le jette à l'eau.

La mort sert parfois de révélateur au sentiment religieux des aventuriers. De Soto, au début du XIXe siècle, travaille sur les côtes d'Afrique. C'est un individu déconcertant, mi-dandy, mi-boucher. Capturé à Gibraltar, il est condamné à mort. « *Je crois*, dit un témoin, *que jamais personne ne montra une contrition égale à celle dont cet homme fit preuve. Cependant, il ne manifesta pas la moindre peur. Il marchait d'un pas ferme derrière la fatale charrette, regardant alternativement son cercueil et le crucifix qu'il tenait à la main. Il pressait fortement sur ses lèvres le symbole de la divinité, répétait ses prières que lui disait à l'oreille le prêtre qui l'accompagnait et semblait ne s'inquiéter que du*

monde futur. Quand la procession atteignit la potence,
au bord de l'eau, le pirate monta sur la charrette mais
trouvant la corde trop courte, il sauta sur son cercueil
et mit sa tête dans le nœud coulant. Puis, quand il
sentit la charrette s'ébranler, il s'écria : " adios todos "
— " adieu tout le monde " et il s'affala en avant. »

Des traits de cette sorte peuvent s'expliquer. On a
beau être une forte tête, tuer et blasphémer, au moment
de passer, on fait retour à son enfance. Échappent à
cette loi les lucifériens – mais ils sont les plus religieux
de tous –, les brutes, qui ont choisi l'aveuglement, et
de très rares libertins. Cette dernière espèce n'est pas
fournie. L'exemple le plus célèbre est celui de Grammont. Mais Grammont est un pirate philosophe, un
grand de ce monde et qui reflète assez fidèlement les
idées libertines de son temps. Du reste il scandalise ses
compagnons. Grammont *« est impie,* s'indigne Exmelin, *sans religion et exécrable dans ses jurements. En*
un mot, il est fort attaché à des choses terrestres et ne
croit point aux choses célestes. C'est là son grand
défaut. » Exmelin est un simple. A Grammont, l'in-
tellectuel, il préfère sans doute la naïveté des bougres
de l'Olonois qui pillent les églises de Maracaïbo, en
emportent les ornements et les tableaux, les images et
les cloches dans l'intention de meubler une chapelle
qu'ils ont projet de construire dans leur île de la Tortue
– sans doute pour y célébrer des actions de grâce.

A la même époque, le *Santissima Trinidad* qui ravage
l'Amérique du Sud est aussi un bateau très fervent.
Un de ses prisonniers, le capitaine espagnol Peralta, a
percé ce trait de leur nature. Il en profitera pour se
tailler une grande popularité parmi ses geôliers en leur
contant des anecdotes religieuses. Par exemple, comme

le *Santissima Trinidad* navigue au large du Pérou, le prisonnier apprend à ses gardiens « *que c'était là le premier endroit où les Espagnols s'étaient installés dans cette région après Panama... qu'alors, un prêtre se rendit à terre une croix dans la main pendant que dix mille Indiens les contemplaient. Une fois qu'il fut sur la plage, deux lions sortirent du bois et il mit doucement la croix sur leur dos; aussitôt ils se couchèrent et l'adorèrent — et aussi deux tigres, suivant leur exemple, firent comme eux — en cela, les animaux donnaient à entendre aux Indiens l'excellence de la religion chrétienne qu'ils ne tardèrent pas à embrasser* ». Cette histoire a un succès fou et le prisonnier y gagne un grand prestige. Il est vrai que ce navire devait être particulièrement dévot. Mr. Basil Ringrose, qui deviendra plus tard le chroniqueur de l'aventure, nous raconte comment il profite d'une escale pour se rendre dans une forêt et graver une croix dans le tronc d'un arbre.

> Ainsi refusai-je délibérément un monde qui
> m'avait refusé.
>
> JEAN GENET

Notre petit catalogue de la révolte pirate commence à se meubler. Trois cases ont déjà leurs locataires : révolte luciférienne ou de l'Apocalypse avec le capitaine Lewis; révolte utopique ou de l'âge d'or avec le capitaine Misson; révolte instinctive ou brutale avec Teach, Low ou Fly. Il va de soi que, dans la réalité, les découpages ne sont pas aussi tranchés. Nos classements n'ont de valeur que pédagogique. Chaque pirate est le résultat de dosages subtils entre plusieurs révoltes. Notre office est de dégager, de manière un peu artificielle, la composante directrice de cette nébuleuse noire qu'est l'âme de tel ou tel capitaine. Par exemple, une autre variété de la révolte, la révolte sociale, est présente dans tous les forbans. Mais nous en réservons l'analyse aux cas où cette motivation l'emporte sur toutes les autres.

C'est au niveau de la piétaille que la dimension sociale de la piraterie se laisse d'abord saisir. Une image en forme le symbole : ces ports réprouvés qui ont allumé leurs sombres lanternes aux quatre coins du monde, en Irlande, en Angleterre, aux Antilles, en Amérique latine ou aux Indes, au gré des aléas de l'histoire. Dans ces repaires vivotait une terrifiante population de parias, de marginaux, de loqueteux et de voyous, la lie de l'humanité en somme. Ce sont des individus que leurs dons, leur génie, leur malchance ou leur paresse ont écartés des circuits habituels de la société. Plutôt que d'embrasser la condition de clochard ou de sous-prolétaire, ils ont dit adieu à une société qui ne les réchauffe guère. Ils se sont nommés « hommes libres » et ils ont cheminé vers ces ports où se recrute la main-d'œuvre pirate. Ils y retrouvent des dames parias, c'est-à-dire des prostituées. Elles ne partent pas en course mais assurent le repos du forban.

La révolte sociale explique aussi les mutineries de marins. Ces mouvements ont pour origine le régime injuste et même intolérable qui règne à bord. En ces époques, le service est dur et la pitié n'a pas cours. Mal nourris, soumis à une discipline ignoble, peu payés et exploités par leurs capitaines, les marins, qui sont rarement des anges, contestent, se rassemblent et jettent leur chef par-dessus bord. Il s'opère ainsi une transformation de la condition de l'exploité, mais dans le cadre d'une technique inchangée, ce qui d'ailleurs explique la compétence manœuvrière des grands navires flibustiers. De marin du roi, on devient marin pirate. Le capitaine Roberts rend compte en peu de mots du phénomène : « *Dans un service d'honneur, ce ne sont que peines et travaux sans récompense; mais ici on ne respire que liberté et plaisir sans contrainte.* »

Chez les chefs pirates, il arrive qu'une réflexion sociale plus élaborée et parfois assez vigoureuse soit présente. Bellamy, encore un homme des Antilles, en fournit l'exemple le plus impressionnant. Cet homme est obsédé par l'injustice qui régente la société mais au contraire de Misson, il n'en tire pas de réflexions métaphysiques; au contraire de Lénine, il n'en conclut pas qu'il faut réformer les structures de l'État. Bellamy est un pessimiste. Il considère que les hommes sont les hommes et que l'exploitation des faibles n'aura pas de fin. La seule issue est alors de créer, en marge de la société, une société parallèle où les rôles sont renversés entre l'exploiteur et l'exploité. Ces choses-là, il les dit dans des discours qui ne seraient pas déplacés à la tribune du Palais-Bourbon, encore que son langage soit plus brillant et plus authentique à la fois que celui des hommes politiques de notre temps.

« *Que Dieu vous damne*, dit Bellamy à un capitaine qui se plaignait d'avoir été arraisonné, *vous êtes un chien rampant comme tous ceux qui acceptent d'être gouvernés par les lois que les riches ont faites pour leur propre sécurité; car ces couards de petits chiens n'ont pas le courage de défendre autrement ce qu'ils ont gagné par leur friponnerie. Mais, soyez damnés tout à fait : eux comme un tas d'astucieux gredins et vous, qui les servez, comme un paquet de sans-crâne au cœur de poulet. Ils nous vilipendent, ces canailles, alors qu'entre eux et nous, il n'y a qu'une différence : ils volent les pauvres en se couvrant de la loi, oui, mon Dieu, alors que nous, nous pillons les riches sous la seule protection de notre courage. Ne feriez-vous pas mieux de devenir l'un des nôtres au lieu de ramper après ces scélérats pour un emploi?* » Puis, après cette analyse politico-sociale, Bellamy cède au lyrisme. A Bakounine succède maintenant Nietzsche : « *Quant à moi, je suis un prince libre et j'ai autant d'autorité pour faire la guerre au* monde entier que si j'avais cent vaisseaux sur la mer ou cent mille hommes en campagne, voilà ce que me dit ma conscience. Mais, il ne sert à rien de discuter avec de tels chiots morveux qui permettent à des supérieurs de leur donner des coups de pied tout au long du pont, tout leur saoul, et qui épinglent leur foi à un maquereau de pasteur, un pigeonneau qui ne croit ni ne pratique tout ce qu'il met dans les têtes ridicules des niais qu'il prêche. » On conviendra que ce Bellamy a du ton; il eût fait un dangereux tribun. Le superbe lyrisme qui l'emporte — et surtout l'orgueilleuse apostrophe : « Quant à moi, je suis un prince libre » — fait étrangement écho aux cris que d'autres révoltés ont poussés de siècle en siècle. « Quel est celui, interroge Cervantès, qui ignore que les chevaliers errants sont exempts de toute justice et que leur loi est leur épée, leur droit leur courage, et leurs ordonnances leurs seules volontés? Quel chevalier errant a jamais payé taille, gabelle, droit de noces de la reine, monnaie foraine, port, péage ni passage? Quel tailleur lui a jamais fait payer d'aucune façon l'habit qu'il lui a fait? »

S'exhausser au-dessus des lois, en réponse à l'offense que les lois lui ont faite, voilà bien le dessein secret du pirate social. Ce qui n'empêche pas la loi, offusquée pour un temps, de continuer d'œuvrer de par le monde. Et le forban sait bien que la loi se remettra un jour à fonctionner; elle compensera alors, par la violence irrémédiable de sa sentence, toutes les années où la proie lui a échappé. Il est donc naturel que la révolte sociale du pirate se colore d'une critique très virulente de la justice. Pourtant, est-ce superstition, est-ce goût du sacrilège ou terreur inavouée, cette critique emprunte les voies obliques de la parodie.

Les forbans, quand ils s'ennuyaient – et Dieu sait s'ils s'ennuyaient entre leurs raids –, ne pouvaient toujours se distraire en sectionnant des nez. Ils avaient inventé un certain nombre de passe-temps, des « jeux de contre-société », pourrait-on dire. L'un de ces jeux s'offrait comme une parodie de la justice. Pareille conduite est riche de significations : Elle fonctionne à la fois comme un jeu, une formule conjuratoire, une tentative pour prendre à revers son propre avenir en vivant à l'avance le temps de sa propre mort et cela dans la dérision, comme pour purger cette mort de sa charge tragique, enfin, comme un essai pour convertir le destin qui les guette en un libre choix, décidé, ou du moins reconnu, dès longtemps, etc. Mais pour l'heure, nous ne retiendrons, de ces parodies de justice, que leur coloration sociale.

Ces travestis confirment que le pirate reconnaît la réalité des forces sociales, s'il les conteste ou les fuit. Il sait bien qu'un jour elles le rejoindront au terme de la sarabande éperdue sur les mers. Le jeu vise donc moins à nier la justice qu'à en émousser le mordant. Faute de pouvoir effacer les juges, on les grime, on les déguise, on les pétrifie en objets en leur imposant la forme de grotesques – Daumier et Goya ne sont pas très loin. Johnson, qui relate un de ces jugements décrit de la sorte le juge : « *Il grimpe sur un arbre, les épaules enveloppées d'un prélart, le chef couvert d'un bonnet de filasse, le nez chaussé d'une immense paire de lunettes.* »

Le pirate qui tient le rôle de pirate joue bien évidemment au second degré, à la Brecht, et l'on comprend, dans un cas pareil, l'usage de la « distanciation » puisqu'il s'agit de distance avec la figure de sa propre mort. L'acteur accumule les grimaces pour que son aspect gagne en horreur, on croirait qu'il cède au vertige de l'abjection. Dernière remarque enfin : l'affaire est conduite avec une rapidité confondante. Deux hypothèses à ce sujet, soit que le génie verbal des flibustiers soit inégal à leur génie guerrier, soit plutôt qu'ils suggèrent, par le moyen de cette hâte, la frivolité, la désinvolture et le délabrement d'une justice dont les hermines et les perruques sont dévorées de vers, de poux et d'ordures.

Le dialogue aggrave la dérision burlesque de la mise en scène. S'il est fruste et parfois grossier, il va bien plus loin, dans la subtilité, que les philippiques écrites sur le même sujet par Casamayor ou même par Camus. Voici, pour exemple, les motifs qu'un juge, impuissant à établir la noirceur de l'accusé, donne à la peine de mort qu'il prononce :

« Écoutez, vous, le coquin à la barre, écoutez-moi, maraud. Vous allez expier pour trois raisons : premièrement parce qu'il n'est pas convenable que je siège ici comme juge et que personne ne soit pendu. Deuxièmement, vous serez pendu parce que vous avez une tête diablement patibulaire et troisièmement, vous serez pendu parce que j'ai faim car sachez, maraud, que chaque fois que le dîner d'un juge est prêt avant que le procès soit fini, le prisonnier est pendu, cela va de soi. C'est ce qu'exige la loi. Geôlier, emmenez-le. »

Au risque de passer pour perverti par les regrettables personnages dont j'ai pris la piste, j'avoue que ce réquisitoire me paraît à la fois brillant, fort et convaincant. Son burlesque l'emporte sur celui de Molière. Un seul écrivain, le Kafka du *Procès* et de *La Colonie pénitentiaire*, rivalise avec cette littérature de la nuit et du malheur définitifs.

> Et l'être de l'homme non seulement ne peut
> être compris sans la folie mais encore il ne
> serait pas l'être de l'homme s'il ne portait en
> soi la folie comme une liberté.
>
> JACQUES LACAN

Les boucaniers méritent d'occuper une mansarde à part dans la demeure de la révolte. Ils étaient les écorcheurs de bêtes, les brûleurs d'herbes les plus ineptes de leur temps. Leur habillement était barbare, ils avaient la cervelle étroite et beaucoup d'adresse dans la lutte mais ils ne beurraient pas leur chevelure. Ils avaient tous les vices – l'idolâtrie et l'amour du sacrilège, colère, mensonge, paresse. Ils avaient horreur de tous les métiers. Maîtres et ouvriers, tous paysans, ignobles. La main à plume vaut la main à la charrue. Eux, ils n'auraient jamais leur main. Ils étaient intacts et ça leur était égal. Ils étaient parvenus à faire s'évanouir dans leurs esprits toute l'espérance humaine. Sur toute joie, pour l'étrangler, ils faisaient le bond sourd de la bête féroce et le printemps leur apportait l'affreux rire de l'idiot.

Il est bien évident qu'ils ont toujours été de race inférieure. Leur race ne s'est jamais soulevée que pour piller : tels des loups à la bête qu'ils n'ont pas tuée.

Un jour, ils sont arrivés sur la plage armoricaine. Leur journée est faite, ils quittent l'Europe. L'air marin brûlera leurs poumons, les climats perdus les tanneront. Nager, broyer l'herbe, chasser, fumer surtout, boire des liqueurs fortes comme du métal brûlant – comme faisaient ces chers ancêtres autour des feux. Ils auront des membres de fer, la peau sombre, l'œil furieux. Ils auront de l'or, ils seront oisifs et brutaux. Les femmes aiment ces féroces infirmes retour des pays chauds mais ils étaient maudits, ils avaient horreur de la patrie et le meilleur, n'était-ce pas un sommeil bien ivre, sur la grève?

Ils aiment mieux la chasse au bouc que la course sur la mer. Le gentil Exmelin nous les décrit avec horreur, c'est qu'ils arrivent en droite ligne non seulement de Rimbaud, comme nous venons de le dire, mais de Maldoror : « *Je suis sale. Les poux me rongent. Les pourceaux, quand ils me regardent vomissent. Les croûtes et les escarres de la lèpre ont écaillé ma peau couverte de pus jaunâtre. Je ne connais pas l'eau des fleuves ni la rosée des nuages.* »

Pourquoi ces hommes, du fond de leur déréliction, nous touchent-ils et quelle est leur voix? Ils ont effacé de leur vie tout ce qui appartient à l'espoir. A leur manière, qui est sale, ils ont joué noblement le jeu et cet interminable suicide, dans les forêts dès Antilles, n'est pas sans force. A tous les détours de leur aventure sonnent les minuits d'une saison en enfer dont l'ordinaire ne nous rapporte que des échos voilés. Ils sont moins mauvais que d'autres et si leur âme est malade, ils la purgent dans le sang des bêtes sauvages, non des hommes.

Les boucaniers sont émouvants d'avoir fait choix de

la mort. L'ombre de celle-ci se profile à tous les détours de leur aventure et ce n'est pas coïncidence s'ils s'écartent de la mer où leur condition de pirates les attire, pour choisir les forêts qui se lient volontiers à la mort : « *Il rêvait apparemment de sang et de forêt,* dit Chateaubriand à une tout autre occasion, *son intelligence était du genre de celle de la mort* », et, pour demeurer dans la famille, il est étrange que la sœur de Chateaubriand, la douce Lucile, ait prononcé des paroles que les féroces locataires de la Tortue auraient pu dire : « *Je m'endormirai d'un sommeil de mort sur ma destinée.* »

En quel canton de la révolte faut-il qu'emménagent ces chasseurs tristes, idiots et sanglants ? Leur territoire est le néant, leur aliment le sang des bêtes et leur fascination la mort. Des confuses et provisoires images que la civilisation a su arracher, depuis les origines, au chaos de la création, eux, les boucaniers, ils se sont juré de ne rien retenir. Leur vie passe dans les forêts ensanglantées comme passe un songe. Ils n'ont pas de passé et pas de survie. Leur ordre est celui de la malédiction et de l'absence. On a le droit de les enrôler sous l'emblème du nihilisme.

> Les Dieux ont créé la femme pour les fonc-
> tions du dedans, l'homme pour toutes les
> autres. Les Dieux l'ont mise à l'intérieur car
> elle supporte moins bien le froid, le chaud et
> la guerre.
>
> XÉNOPHON

Jeanne de Belleville était si belle que sa réputation s'étendait à tout le royaume de France. Son mari, le seigneur de Clisson, chevalier de Nantes, fut accusé d'intelligence avec les Anglais et décapité le 2 août 1343. Mme de Clisson, furieuse, vend ses meubles et ses bijoux. Elle achète trois navires. Sa vie tourne. Elle oublie sa beauté et se consacre à son insatiable vengeance. Bien des marins du roi de France paieront de leur vie l'offense faite par leur maître à la femme d'un chevalier breton. La dame de Clisson, qui emmène ses deux fils dans ses courses, atteint dans son métier un art consommé et laisse le souvenir d'une extrême cruauté.

Au XVIIIe siècle, Anne Bonney, qui est la fille naturelle d'un avocat irlandais de Cork, est une enfant turbulente. Sa beauté est grande, ses seins sont hauts et sa chevelure en désordre. Elle a plutôt un sale caractère, ne reculant pas à tuer d'un coup de couteau sa domestique anglaise. Cette jeune fille a du sang. En amour, elle montre une turbulence égale et finit par se marier en secret avec un marin. Elle le quitte et, à la Providence, elle tombe, fascinée, dans les bras du beau et extravagant Jack Rackam, dit Calico Jack, un fameux loustic qui la déguise en homme et l'embarque sur son bateau pirate. Là, elle fait un enfant, manie le couteau et la hache d'abordage jusqu'au jour où le navire de Calico est arraisonné au large de la Jamaïque par un sloop anglais, en 1720. L'équipage prisonnier est conduit à la Jamaïque et traduit en justice. Tout le monde est condamné à mort mais Anne a le bonheur d'être de nouveau enceinte. Elle obtient qu'on ne lui coupe pas le cou tout de suite. Grâce à quoi, elle a le privilège d'assister à l'exécution de son mari, le pauvre Calico Jack. Le baume qu'elle lui verse sur le cœur, en cette extrémité, est un peu empesté puisque Anne ne trouve, en vue de le consoler, qu'un aphorisme extrêmement décourageant : « *Elle regrettait bien de le voir là mais s'il s'était battu comme un lion, il ne serait pas en état d'être pendu comme un chien.* »

Sur le même bateau, et devant le même jury se trouvait, par un sort extraordinaire, une autre dame. Celle-là s'appelait Mary Read et c'était un drôle de pistolet. Toute jeune, cette fille d'une « veuve jeune et gaie » s'enrôle comme soldat dans un régiment de l'infanterie des Flandres, sous l'habit masculin, il va sans le dire. Elle se fait verser dans la cavalerie, tombe amoureuse d'un autre troupier, lui révèle le secret de son sexe, remet une robe, l'épouse en présence des officiers du régiment et se retire du service actif pour ouvrir avec son bon mari une auberge à Breda.

Le mari meurt et la jolie Mary, en manière de deuil, remet les habits masculins pour s'engager dans un nouveau régiment. Elle s'y ennuie, déserte et s'engage sur un navire qui part pour les Antilles. Ce navire est saisi par un bateau pirate, celui de Calico Jack et dans l'équipage duquel se trouve déjà une autre demoiselle, notre amie Anne Bonney. Ici, l'histoire devient remarquable et plusieurs versions en circulent. Pour Hubert Deschamps, Anne Bonney, dont on sait que le cœur était inflammable, s'éprend de Mary Read qui l'avait impressionnée par sa violence au combat. Que faire en pareille occurrence? La jeune fille travestie déclare sa passion à l'autre jeune fille travestie. Mais Mary Read est bien obligée d'avouer qu'elle serait hors *« d'état de la contenter car elle est une femme déguisée »*. Tout s'éclaire, c'est-à-dire s'obscurcit, une vive amitié unit les demoiselles.

Philip Gosse ne signale pas cet épisode shakespearien. Il dit que Mary Read s'est éprise d'un vrai marin, *« un petit gars à la mine engageante »*. Ce marin se prend de querelle avec un de ses collègues et l'on descend à terre pour vider l'affaire à la mode des Caraïbes — des deux bras à la fois, l'un tenant un pistolet, l'autre un sabre. Voilà Mary qui découvre qu'elle est tendre. Son homme va se faire embrocher, c'est sûr. Une ruse germe dans sa tête. Elle se débrouille, avant l'explication sur la plage, pour insulter l'adversaire de son amant avec une telle perfidie qu'elle obtient de se battre la première contre le malotru. Elle le tue.

Elle est donc à bord du navire de Calico Jack le jour où celui-ci est arraisonné par le sloop anglais, dans la mer de la Jamaïque. Tous les pirates cèdent à la panique et s'enfuient sous le tillac. Les deux femmes se défendent pied à pied, sur le pont, tout en abreuvant leurs compagnons d'injures qu'on ne peut imaginer qu'en frissonnant. Finalement, l'Anglais remporte la victoire.

De la philosophie de Mary Read, on ne sait pas grand-chose mais elle paraît assez rude. Elle déclare un jour que le métier de pirate n'est pas à la portée de n'importe qui et qu'il faut pour l'exercer avec honneur, comme elle, être un « homme courageux ». Au procès, un témoin rapporte aussi qu'elle avait, quelque temps auparavant, exposé de la sorte sa doctrine à propos de la peine de mort : « *En ce qui concerne la peine de mort, elle pensait que ce n'était pas une peine impressionnante, car, s'il n'en était pas question, tous les lâches se feraient pirates et infesteraient la mer de telle manière qu'il ne resterait plus aux gens de cœur qu'à mourir de faim.* » Cet apophtegme suivait la logique. Les juges de la Jamaïque échouèrent à le réfuter. Ils se rangèrent aux conceptions philosophiques de Mary Read et la condamnèrent à la pendaison en dépit de son sexe. Ce qui fut fait le 28 novembre 1720 à Santiago de la Vega, dans la Jamaïque.

J'ai peint mon bateau à l'encre de Chine.
L'ancre, elle est de fer, le sel la rouille
Et la Chine
Mon bateau de paille y fera naufrage.

Poésie 46

Yuentsze-yung lun raconte l'histoire de la piraterie
chinoise entre 1807 et 1810. Ce récit nous écarte des
manières barbares, tristes et un peu dégoûtantes des
boucaniers. Là-bas, dans les mers de la Chine, tout
n'est qu'ordre et beauté, raffinement, élégance, cruauté
et froideur. La monstruosité s'y pare de couleurs
exquises. Le bruit et la fureur y ont la légèreté d'un
chant et les taches de sang frais qui dérivent sur la
mer de Chine ne sont que des reflets et des moires,
entre brume et soleil. Ces accents singuliers confirment
les liens qui associent une culture et cette contre-culture
qu'est la piraterie. La crasse, la rusticité, l'hébétude
des flibustiers ne forment que le décalque de la grosse
civilisation paysanne de l'ouest de la France. Rien de
semblable en Chine : quand on est un pays recru de
culture et dont l'origine est ancienne et noble, on produit des parias distingués. Il s'y ajoute que la piraterie
chinoise, en ce début du XIXᵉ siècle, fut dominée par
une femme : elle y apportera les grâces naturelles à

son sexe, c'est-à-dire une cruauté sans défaillance, le sens de l'ordre et des choses domestiques, un goût du beau enfin qui apparie ses plus affreuses batailles à l'art du faiseur de bouquets.

Le mari de Mme Ching était un lascar. Depuis 1797, il gouvernait le « consortium des pirates » et ses bateaux imposaient une telle terreur, le long des fleuves et des mers, que l'empereur en voulut finir avec lui. Il le nomme en 1802 « maître des étables impériales ». On nous donne alors à choisir entre deux versions. La première est que la ruse de l'empereur fait long feu. Ching dédaigne les honneurs et continue de massacrer les Cochinchinois et les Annamites au point que ceux-ci sont agacés et le massacrent. La deuxième version est contraire. Ching est si flatté de son titre que son énergie s'éteint. Les membres du consortium, écœurés, servent à Ching un plat de chenilles empoisonnées et garnies de riz. Le sûr est que Ching meurt. Sa veuve recueille sa succession et sa main est de fer. Sa tête aussi, si nous admettons la description qu'en donne Jorge Luis Borges : « *C'était une femme osseuse, aux yeux éteints, aux dents cariées. Ses cheveux noirs et huileux brillaient plus que ses yeux.* »

Cette image annonce un caractère détestable et le goût de la grandeur. On ne s'étonne plus qu'une telle personne règne sur six grandes escadres, soit sur cinq cents bateaux de quinze à deux cents tonnes et dont les plus grands portent vingt-cinq canons. On reconnaît ces escadres aux couleurs de leurs oriflammes – rouge, jaune, vert, noir, violet et la sixième est à l'effigie du serpent. Les chefs d'escadre reçoivent des noms de guerre; ils ne s'appellent pas « Jambe de bois », « Lafleur », ou « Œil de verre » comme de simples boucaniers mais « Oiseau et silex », « Fléau de la mer matinale », « Joyau de tout l'équipage », « Pâture des grenouilles », « Vague pleine de poissons » ou « Haut soleil ». Malgré ces noms de demoiselles, les capitaines exigent de leurs enseignes un ordre rigoureux et l'observance du règlement que Mme Ching avait édicté.

« Si un homme va à terre pour son compte ou s'il commet l'acte appelé "franchir les barrières", il aura les oreilles percées en présence de toute la flotte; en cas de récidive, il sera mis à mort.

« Il est interdit de prendre à titre privé la moindre chose du butin provenant du vol et du pillage. Tout sera enregistré et le pirate recevra deux parts sur dix pour lui, les huit autres appartiendront au magasin dénommé le fonds général; prendre quoi que ce soit de ce fonds général entraînera la mort.

« Personne ne devra débaucher pour son plaisir les femmes captives prises dans les villages ou la campagne et amenées à bord d'un navire, on devra demander d'abord la permission à l'économe et se retirer dans la cale du navire. User de violence à l'égard d'une femme sans la permission de l'économe sera puni de mort. »

Ces textes sont secs et tranchants si on les compare à la rhétorique dont s'encombraient à l'époque les actes du gouvernement impérial. Peut-être ce style rend-il compte de l'efficacité des pirates. Le langage de Mme Ching est celui des grands capitaines et des historiens laconiques – Tacite et Napoléon en même temps. Si elle fait des efforts de sémantique, ils ne sont pas insignifiants. Ils renvoient à une morale. Ce cœur farouche n'assuma jamais sa condition de forban. A preuve, elle interdisait que l'on parlât du butin. Il n'était question que de « produits transbordés ». Cette passion moralisatrice, presque puritaine, ne se retrouve guère, si l'on jette un coup d'œil à l'intérieur des jonques. Elles sont crasseuses et malsaines. On y mange des biscuits de mer, des rats gavés, du riz cuit et des chenilles. Avant le combat, on s'enduit le corps d'une infusion d'ail. Quant aux distractions, elles sont pacifiques : cartes et dés pipés, fantan, opium et lanternes magiques.

Mme Ching se révèle brillante tacticienne dès 1808 comme une imposante flotte impériale l'attaque. Une ruse l'aide à vaincre dans un débat que scandent les coups de cloche, les tambours, les canons, le gong et les prophéties. *« Les cadavres des morts flottaient des deux côtés des navires et un nombre considérable de pirates périrent là. »*

Le vieil amiral impérial, Kwo Lang, dégoûté par sa défaite, insulte le lieutenant de Mme Ching, Paou, un jeune homme un peu gras qui l'a capturé. Il le saisit aux cheveux et lui fait la grimace. Cet amiral est un malin mais un malin désespéré. Son plan est d'exaspérer le forban et de le pousser au meurtre. Mais Paou se met à pleurer. L'amiral est alors acculé à se tuer soi-même, il se tue sous les yeux éteints de Mme Ching. Paou improvise immédiatement un petit poème d'ailleurs très triste :

« Nous autres, nous sommes comme les vapeurs dispersées par le vent, nous ressemblons aux vagues de la mer soulevées par un tourbillon ; tels des bambous brisés sur la mer, nous flottons et nous coulons alternativement, sans jamais jouir de repos. Nos succès dans la bataille acharnée vont bientôt faire peser sur nos épaules le poids des forces unies du gouverneur. S'ils nous poursuivent dans les chenaux et les baies de la mer, et ils en ont

les cartes, n'aurons-nous pas beaucoup à faire? Qui croira que ces événements se sont produits sans mon intervention ou que je suis innocent de la mort de cet officier? Tout le monde m'accusera de l'avoir assassiné de gaieté de cœur après qu'il a été vaincu et son navire pris. Et ceux qui se sont échappés vont exagérer ma cruauté. Si je reste sous l'accusation d'avoir assassiné cet officier, comment oserais-je, si le désir m'en vient à l'avenir, me soumettre? Ne serai-je pas traité comme l'auteur supposé de la mort de Kwo Lang? »

Ces délicatesses dites, on se remet au boulot, on tue, on massacre, on vole de jeunes paysannes qui seront revendues à Macao. L'année suivante, la veuve Ching a quelques angoisses. Un nouvel amiral, Tsuen-Mon-Sun est dépêché par l'empereur. La bataille est brutale. Les voiles de nattes des pirates s'enflamment et Mme Ching est mise en déroute. La chronique cite de beaux traits de bravoure. Le plus impressionnant est le fait d'une femme, une pirate. Elle tenait la barre de son navire, l'abandonne, saisit un coutelas dans chaque main et ouvre la gorge à de nombreux soldats avant de tomber elle-même, morte, dans la cale.

Le gouvernement impérial pavoise mais Mme Ching a déjà reconstitué ses forces et recommence ses razzias. Elle prend sa revanche sur la flotte impériale. De nombreux engagements ont lieu. Mme Ching manie des escadres de plus en plus nombreuses, ses cinq cents jonques remontent les fleuves, jettent la mort sur leur passage, rasent les villages. Un jour, un pirate s'empare d'une femme très belle nommée Mei Ying. Cette Mei Ying se défend si bien que son ravisseur doit l'amarrer à une vergue mais la fille l'insulte obstinément et le pirate la fait taire en lui cassant deux dents. Puis, la rattache. Mei Ying, soudain calmée, laisse que son bourreau l'approche, lui saisit la gorge entre ce qui lui reste de dents et saute dans la mer où ils se noient ensemble.

Dans une autre occasion, Mme Ching faillit plier. C'est que Pékin avait envoyé contre elle un terrible chef de guerre, l'amiral Ting Kvei. Celui-ci prit la mer avec une flotte innombrable, des astrologues, des augures et des machines de guerre. Cela se passait sur le Si-Kiang et Jorge Luis Borges dit :

« *Le combat ne s'engageait pas. Inlassablement le soleil se levait et se couchait sur les roseaux tremblants. Hommes et armes veillaient. Les midis étaient tout-puissants, les siestes infinies. Cependant, des vols non-chalants s'élevaient chaque soir des navires de l'escadre impériale et venaient se poser délicatement sur les eaux et les ponts ennemis. C'étaient d'aériennes machines de papier et de roseau, des sortes de cerfs-volants dont la surface, rouge ou argent, portait toujours les mêmes caractères. La Veuve examinait avec anxiété ces météores réguliers et elle y lut la fable lente et confuse d'un dragon qui avait toujours protégé une renarde malgré ses ingratitudes répétées et ses constants délits. La lune se fit plus mince, et les figures de papier et de roseau apportaient chaque soir la même histoire, avec des variantes à peine sensibles. La Veuve s'affligeait et méditait. Quand la lune redevint pleine dans le ciel et dans l'eau rouge, l'histoire parut toucher à sa fin. Personne ne pouvait prédire si c'était un pardon absolu ou un châtiment sans limites qui s'abattrait sur la renarde mais la fin iné-vitable était proche. La Veuve le comprit. Elle jeta dans le fleuve ses deux épées, elle s'agenouilla dans une barque et ordonna qu'on la conduisît jusqu'au vaisseau-amiral.*

116

C'était le soir. Le ciel était plein de dragons, jaunes cette fois. La Veuve murmurait une phrase : " La renarde cherche l'aile du dragon ", dit-elle en montant à bord. »

Avouons-le, il peut paraître que Borges ait pris quelques libertés avec l'histoire, mais son texte est joli et nous sommes tout de même dans cette Chine dont on sait que les anciens annalistes embrouillèrent à plaisir leurs chroniques de manière que le passé de ce pays prît la figure d'un labyrinthe vaste, subtil et inextricable et que son origine donnât le sentiment de remonter au chaos. En ce sens, si Borges invente, il se range au génie du lieu. Quant à la Veuve, sa fin fait l'objet de versions contraires. Selon les unes, elle aurait traité avec le gouvernement, serait devenue animatrice d'une firme de contrebande d'opium et se serait fait appeler « Éclat de la véritable instruction ». D'autres disent que ce patronyme culturel était en réalité celui d'un de ses lieutenants, O-Po Tae. Ils croient savoir que la Veuve, sa retraite prise, se maria avec un gouverneur.

> Tout ce que le cœur désire peut toujours se
> réduire à la figure de l'eau.
>
> PAUL CLAUDEL

On s'est étendu sur les dames : c'est qu'elles ornent
la rusticité pirate de cette humeur fantasque, chimé-
rique et pathétique qui nous émeut dans leur sexe.
C'est aussi en vue d'établir que la révolte sur la mer
a un caractère exhaustif. Elle n'a négligé aucune des
formes classiques de la révolte. Qu'une fille jolie et
dont les seins sont haut placés comme le fut Mary Read
se travestisse et manie la hache a du sens : à sa manière,
Mary pousse l'antique cri de la révolte féminine qu'ont
aussi poussé, avec des accents inégaux, les sorcières du
XVIe siècle, les suffragettes, les lesbiennes, les nonnes et
les béguines, les intellectuelles de gauche, la comtesse
Bathory ou Nana. Le terrain de leur rébellion pouvait
différer, toutes ces femmes partagent avec Mme Ching
d'avoir renoncé au statut d'objet que leur assigne la
cité pour se saisir comme personne et pour s'affirmer
comme sujet.

De sorte qu'apparaît ici la deuxième conclusion de
cet ouvrage. La première, on l'a saisie en transparence,

était que la piraterie, en même temps qu'elle informe tous les moments de l'histoire, lui échappe aussi. Dans sa relation à la révolte, la piraterie suit des voies parallèles et d'une ambiguïté égale. Elle illumine toutes les plages de la révolte traditionnelle. Sous le mutisme de nos forbans, nous avons pu entendre au passage le monotone appel des hommes dressés contre une société, un temps ou une création qui ne les tolère qu'au prix de la mutilation. On peut donc lire la révolte pirate comme on lit toute révolte : afin de dessiner cette barrière mystérieuse qui court à travers toute l'histoire et dans le déduit de chaque conscience, entre l'acceptation et le refus.

Cela est si vrai qu'on pourrait se plaire à associer, tête pour tête, les grands révoltés de la mer et ceux de la terre. Il se constituerait un curieux défilé : Misson dans l'ombre de Fourier ou de Saint-Simon, Lewis entre Faust et Sade, les boucaniers dans la lignée de Maldoror, Bellamy aux côtés de Bakounine. La typologie de la révolte pirate reproduit en miroir celle de toute révolte – comme l'histoire du piratariat décalque l'histoire du monde.

Et lui échappe en même temps. C'est déformer Misson que de le réduire à Fourier. Il est plus étroit et plus étendu en même temps, comme c'est priver Lewis d'une part de sa vérité que de l'apparenter à Faust. A la fois, il ne couvre pas tout le territoire faustien, car la pensée de Lewis est minuscule, et il déborde sur des champs que l'Allemand ignorait faute de compétence maritime. Chaque pirate entretient deux types de similitude et deux types de différence : avec tous les autres pirates dans un premier espace, avec tous les autres révoltés, dans un autre espace. De ce réseau de parentages et de dissemblances, dont les mailles se croisent, nous avons reconnu une première grille. Reste la seconde.

Il convient pour le faire de ressaisir la singularité de la révolte pirate — c'est-à-dire la commune couleur qui, des rébellions contraires de Misson, Lewis et Teach, fait une rébellion unique, l'isolant du même coup de toutes les révoltes classiques dont Teach, Misson et Lewis semblaient d'abord ne former que le reflet ou l'appendice. Il s'agit, dans cette cohue de la révolte où vont Sade, Bellamy, Munzer, Misson et Malatesta, de déceler la fine brisure qui sépare, de tous leurs collègues en révolte, les seuls gens de la mer. Cette brisure nous est d'abord demeurée masquée, par l'éclat même qui émane de la révolte. Elle est pourtant désignable, à la condition que des lumières plus lointaines et plus sourdes la frappent et la fassent étinceler. Lumières qu'irradie le domaine où s'accomplit le désir pirate. Ce sont celles des océans du monde.

Car enfin, tant qu'à choisir la révolte, on ne suit pas forcément les chemins de la mer. On imagine mieux le recours aux forêts et les voies qui conduisent Giuliano, Robin Hood ou Mandrin dans le maquis ont plus de naturel que celles de Teach ou d'Avery. On sait bien que le hasard ajoute son grain : si vous êtes né à La Rochelle ou à Plymouth, les images des voiles dans le port, les sifflements des bouées de la nuit, le balancement des agrès dans le ciel de votre école, les odeurs de goudron, d'épices et d'algues, tout cela organise une constellation qui éclairera votre défi, en dessinera le blason.

Mais les raisons du choix importent peu. Que la mer soit élue par l'effet du hasard, d'une tradition ou d'une paresse, elle imposera son chiffre à ceux qui l'ont désignée pour leur territoire. Il serait irréel que Bonnot n'ait pas d'automobiles. C'est leur mécanique, le rythme grêle de leurs pistons, l'ubiquité qu'elles assurent, leur style moderne et citadin qui confèrent à la bande sa vérité. Ainsi des bandits de la mer. On ne saurait détacher ces âmes tourmentées de l'élément où elles déploient leurs fastes.

L'ennui, et même le poison, c'est que l'eau est l'une des quatre substances primordiales avec le feu, l'air et la terre. Les psychanalystes, jungiens de préférence, les mythographes, les occultistes et les astrologues ont si joyeusement pataugé dans ces substances, ils ont tant papoté à leur propos, que chacune d'elles aboutit à gouverner toutes les significations en même temps. Elles sont dociles à toutes sollicitations. Elles disent ce que l'on souhaite qu'elles fassent entendre. A force de richesse extrême, elles finissent par se parer de tous les sens possibles, c'est-à-dire qu'elles se vident de tous les sens pour atteindre à une radicale pauvreté. On se gardera d'additionner à tant de songeries sa propre songerie. Mais il est permis d'évoquer, dans le fouillis des interprétations, celles qui ont rapport recevable au piratariat.

Bachelard, dont le mérite est d'aimer les poètes, enseigne que l'eau « *est la maîtresse du langage fluide, du langage sans heurt, du langage continu, continué, du langage qui assouplit le rythme, qui donne une matière uniforme à des rythmes différents* ». Voilà bien des pouvoirs, mais comment les accorder aux rares paroles de rocaille qu'éructe la gorge des forbans? Et comment introduire cette idée de douceur, qui connote celle de l'eau, dans nos compagnies de bêtes brutes? Pourtant, la douceur de l'eau est attestée par l'autorité la plus haute, celle d'Hermès Trismégiste soi-même : « *Un excès d'eau rend l'âme douce, affable, facile, sociable et disposée à plier.* » Si cet oracle est raisonnable, on frémit à l'imagination du carnage qu'eussent accompli les forbans, au cas où l'élément liquide n'eût pas apporté à leur fureur ses tempéraments.

Il est donc apparent que la psychologie de l'eau glisse sur les âmes que nous auscultons. La sagesse est de s'en détourner pour plonger plus outre dans les images du règne de l'eau. Celle-ci est substance originelle. Les eaux se sont formées avant la terre puisque la plupart des cosmogonies et la Bible le certifient : « *Les ténèbres couvraient la surface de l'abîme et l'esprit de Dieu régnait sur les eaux.* » Les eaux sont donc ce qui est avant toute existence. Elles constituent le territoire et la matrice en même temps de toute création. Elles figurent le préformel, le préexistant, l'indifférencié. Mieux, ce rôle formateur ne se limite pas au cosmos. Le genre humain, comme nous le disent les fables et le cœlacanthe, est né des eaux.

Mais de même qu'elles grondent avant la création, il paraît qu'elles continuent de clapoter une fois achevée la création, une fois que l'univers est résorbé. Elles recueillent la dissolution des formes, elles sont ce qui demeure, si la chose peut être pensée, après que tout aura été anéanti. Comme elles sont ce qui est avant l'être, elles sont le néant et la mort. Héraclite suppose que dans le sommeil l'âme se détache des sources du feu et tend momentanément à se transformer en humidité. Ce qui entraîne cette évidence : « *La mort, c'est l'eau même.* »

Intuition d'un philosophe ? Mais comment ne pas

remarquer la prolifération des rites funéraires liés à l'eau? P. Sébillot a analysé les innombrables formes prises en diverses cultures par la légende du bateau des morts. Il en a relevé la trace dès le VIᵉ siècle av. J.-C. Certains de ces bateaux sont nimbés de lueurs plus sulfureuses, navires fantômes, navires d'enfer comme le Voltigeur hollandais. Et Bachelard, alors : « *Une question m'oppresse, la mort ne fut-elle pas le premier navigateur? Bien avant que les vivants ne se confiassent eux-mêmes aux flots, n'a-t-on pas mis le cercueil à la mer, le cercueil au torrent? Le cercueil, dans cette hypothèse mythologique, ne serait pas* la dernière barque. *Il serait la* première *barque. La mort ne serait pas le* dernier *voyage, elle serait le* premier voyage. *Elle sera, pour quelques rêveurs profonds, le premier vrai voyage.* » Et Bachelard conclut par une phrase taillée à la mesure exacte de nos pirates : « *Le héros de la mer est un héros de la mort.* »

Nous voilà maîtres de quelques clefs. Les eaux ne forment pas seulement la première substance mais aussi la substance ultime. Elles encadrent, à proprement parler, la création. Elles sont ce qui est avant que le temps cosmique ne s'enclenche, ce qui subsiste après que le temps se défait. En ce sens, présentes aux deux lisières de la durée, elles se situent hors du temps — à plus forte raison hors de l'histoire. Ce thème aura des conséquences sur notre lecture, il sera de nouveau sollicité. D'ores et déjà, on peut admirer que dans la mythologie de l'eau s'insèrent avec naturel les deux figures extrêmes de la piraterie, celle de Misson, l'homme de l'utopie, l'homme d'avant la faute et *d'avant les temps* — comme celle de Lewis, qui est créature du diable, de l'apocalypse et de la fin des temps. L'un et l'autre devaient nécessairement élire l'eau — l'eau lustrale de la genèse ou l'eau noire, mercurienne d'après les temps — comme leur espace et leur substance.

Ce qu'avait pressenti un homme qui n'avait pas lu les psychologues des profondeurs, le capitaine Nemo. « *Oui,* lui fait dire Jules Verne, *je l'aime, la mer est tout. Elle couvre les sept dixièmes du globe terrestre. Son souffle est pur et sain. C'est l'immense désert où l'homme n'est jamais seul, car il sent frémir la mer à ses côtés. La mer n'est que le véhicule d'une surnaturelle et prodigieuse existence; elle est mouvement et amour; c'est l'infini vivant... C'est par la mer que le globe a pour ainsi dire commencé et qui sait s'il ne finira pas par elle. Là est la suprême tranquillité.* »

Je courus comme un enfant, arrachai mes
vêtements, et je me jetai à l'eau. Et cela ne
dura que quelques minutes, mais j'étais dans
le ciel.

SWINBURNE

Abandonnons l'eau mythologique pour observer celle
des pirates. Elle est bien différente. Ce n'est pas une
eau anonyme ou quelconque. Elle s'étend sur certaines
géographies, elle borde certains golfes et l'usage qu'en
fait le pirate est un usage singulier. Il en résulte des
conséquences. Ainsi de l'entrée en piraterie. Parce
qu'elle s'opère sur la mer et non dans les villes ou
dans les campagnes, cette entrée se revêt de signes et
d'accents que d'autres révoltes ne connaissent pas.

Il est des révoltes pour s'imposer lentement et comme
par degrés. Elles se logent insidieusement dans une
âme, l'investissent et la corrompent, la grignotent,
mûrissent, se rendent à la fin maîtresses de la place.
Elles sont précédées de repentirs et leurs cheminements
sont tortueux ou dérobés. Le regard le plus aigu échoue
à dire à quel moment le rebelle a franchi le pas. « Qui
vole un œuf vole un bœuf » illustre cette idée. Comment
devient-on voleur, est-ce de voler l'œuf? Mais alors
nous serions tous en prison et pourtant, s'il est vrai

que l'œuf contient le bœuf, le premier acte est fondateur mais il l'est d'une manière ambiguë et dérisoire, impure. Même les révoltes les plus nobles peuvent présenter ce trait. Le visage des révolutionnaires se modèle à travers des médiations et des hésitations, au terme d'un trajet enfoui et mal discernable.

Or, la piraterie se distingue en ceci que le terrain où elle s'accomplit, les servitudes qui lui sont propres traduisent en figures matérielles ce mouvement de transgression spirituelle qu'est la révolte. Il se peut que de douloureuses maturations préparent l'entrée en piraterie mais cette entrée elle-même est instantanée. Elle a la violence de la foudre. Le moment où l'on arrive dans une crique, celui où l'on pose le pied sur le bateau réprouvé constituent un passage de ligne. Ce bref éclat du temps partage la vie en deux. Il abolit tout ce qui précède. Il plonge aussitôt la recrue dans une dimension nouvelle qui est celle de l'irrévocable. On ne progresse pas vers la piraterie. On y bondit et il faut bien y introduire en même temps tout son petit baluchon, c'est-à-dire la totalité de son être. D'où le radicalisme, l'extrémisme qui frappe de son sceau le destin du pirate et cette amère inaptitude au repentir. Le mousse embarqué sur le bateau dément de Calico Jack peut bien pleurer le soir en songeant à sa mère ou aux jonquilles de la Normandie. Cet attendrissement est sans objet. L'enfant ne peut même pas rêver d'abandonner sa livrée noire. Elle colle à sa peau comme une tunique de Nessus. Il s'arracherait la vie en la décollant. La révolte pirate n'est pas un ornement sur l'être. Elle est l'être.

On doit expliquer de la sorte le parfum d'accablante solitude dont s'enveloppe le piratariat et son inexorable pureté. Le gangster qui exerce dans une grande ville est un homme traqué et séparé mais il partage le pain des hommes. Dans les cafés, au restaurant ou dans la rue, il croise et fréquente des vivants. Il a une vie sentimentale et s'il doit adresser un message à un collègue, il fait la queue au guichet de la poste, avec d'autres clients, pour acheter son timbre. Il lutine la boulangère, il a de l'amitié ou de la haine pour son voisin d'autobus. Bref, il a beau être engagé dans l'inhumain par l'horreur de sa profession, il est un homme. Il est en même temps divisé de la société et plongé dans sa chaleur d'étable jusqu'au cou. Sa vie est trouble et son âme mélangée.

Rien de pareil chez le forban. Il est consacré à l'inhumain et au froid. C'est sa grandeur et sa noblesse; s'il nous fait horreur, il ne répugne pas. A monter sur la passerelle, il pénètre dans un autre monde. Il se voue à un exil à la fois irréversible, puisque le retour est interdit, et absolu, puisque cet exil le conduit moins dans un autre pays que dans une *absence de pays*. Le voici paria. Il n'a de compagnonnage que celui de ses frères en exil. Et si des relations se nouent de lui au monde, elles seront peu satisfaisantes. Pour une part, relations de meurtres, qui sont glaciales. Pour une autre part, il lui arrivera d'aborder dans des ports, à la recherche de femmes dont la chair a de la tendresse, de la tiédeur. Mais ces ports ne sont que parodies de la société des hommes. Ils sont ports parias, la société qu'ils abritent forme des sociétés de l'arrière-monde et les prostituées sont froides.

Ainsi, le pirate, au lieu de parcourir la révolte de son aurore à son crépuscule, est tenu de sauter à pieds joints dans le minuit de la révolte. Il faut évoquer ici le symbole d'une prise de voile. Cette limite entre la mer et la terre qu'il a dû enjamber, elle est déchirure sur la surface du monde. Sa fine brisure creuse un abîme sans fond entre les hommes et le forban. Elle est homologue d'une autre déchirure, de cette ligne fictive que passent les carmélites au moment de prononcer leurs vœux. Dans les deux cas s'ouvre un espace béant et inexploré. Que cet espace soit celui de la damnation ou celui de la sainteté n'introduit qu'une mince différence. Carmélite et pirate sont liés par une soumission semblable à l'inexorable. L'un et l'autre prennent congé de leur naissance. S'inventent une autre naissance, dans les glacis de la mort.

Comment s'étonner dès lors que la scène inaugurale engage une certaine organisation manichéenne de l'univers? Le monde est concrètement et spirituellement coupé en deux : d'un côté la mer, de l'autre la terre. D'un côté la société des hommes, de l'autre la société des limbes. D'un côté les bons, de l'autre les mauvais et peu importe que les uns se tiennent pour bons (Misson) et les autres pour mauvais (Lewis), l'essentiel est que la vision du forban soit de structure duelle. Son monde est composé de jour et de nuit, d'eau et de terre, de bien et de mal, de blanc et de noir, d'esclaves et de maîtres. C'est en ce sens que le destin du pirate est incomparable. En ce sens aussi que l'exil choisi sur la terre n'est que le reflet d'un autre exil, dans des espaces plus ténébreux.

Il s'ensuit que le piratariat est porteur de l'idée de sacrilège et de transgression. Dans une conscience accoutumée aux nuances, le sacrilège n'a pas grande carrière ou bien il s'évapore. Comment même le pratiquer si les choses ne sont pas clairement réparties entre le mal et le bien ? Seul, l'univers sacré – celui dans lequel court l'invisible brisure que nous avons dite – peut engendrer le sacrilège. Des visions plus roublardes du bien et du mal y sont impropres. Si votre tête est un peu adroite, vous n'accomplirez jamais ni le bien ni le mal. Vous flotterez entre l'un et l'autre. Les deux notions contraires se dissoudront dans les ruses de la raison et de la belle âme. Les pirates n'ont pas de ces malices. Leur irruption fulgurante dans la profession, leur inaltérable exil ravivent sans cesse les couleurs du mal. L'enrôlement dans la piraterie présente exactement les caractères du péché, à la fois instantané, sans recours et total : *« Même un péché commis une seule fois, dit le Stephen de James Joyce, était un péché mortel. Cela pouvait se produire en un instant. Mais comment si vite ? »*

Il faut observer enfin que le mouvement de la transgression s'effectue toujours de la terre vers la mer. Ce qui suggère une manière d'initiation. Que ce soit dans le baptême ou dans les légendes qui montrent un enfant sauvé des eaux, le passage par l'eau est toujours associé à un acte initiatique. *« Il représente la mort et la sépulture*, dit Jean Chrysostome à propos du baptême, *la vie et la résurrection... Quand nous plongeons notre tête dans l'eau comme dans un sépulcre, le vieil homme est immergé, enseveli tout entier ; quand nous sortons de l'eau, le nouvel homme apparaît simultanément. »* Interprétation chrétienne il est vrai, mais elle croise celle que toutes les cultures ont assignée au passage par l'eau. Le déluge – les déluges plutôt car ils sont partout – est affecté de cette double valence, mort et résurrection initiatique. *« Les " Eaux de la mort " sont un leitmotiv des mythologies paléo-orientales*, dit Éliade, *asia-*

tiques et océaniennes. L'Eau " tue " par excellence : elle dissout, elle abolit toute forme. C'est justement pourquoi elle est riche en " germes ", créatrice. » Plaquons cette analyse sur la prise de mer par le pirate, elle conserve ses pouvoirs. Au moment qu'il s'embarque, le pirate meurt en effet au monde, c'est-à-dire à la vie, ressuscite à une autre vie, c'est-à-dire à sa propre mort.

Toute initiation s'accompagne d'épreuves et de dangers. Celle de la piraterie est fidèle à la règle. Elle opère selon des voies inconnues et inquiétantes. L'eau est un élément étrange aux hommes. Elle est trouble, invisible dans sa vérité, aveugle, énigmatique et méchante. Elle nourrit des monstres. *« Les monstres de l'abîme*, dit Éliade, *se rencontrent dans toutes les traditions : les héros, les initiés, descendent au fond de l'abîme pour affronter les monstres marins; c'est une épreuve typiquement initiatique... Parfois les dragons montent la garde autour d'un " trésor ", image sensible de la réalité absolue. La victoire rituelle (initiatique) contre le monstre-gardien équivaut à la conquête de l'immortalité. »*

Ces phrases peuvent sembler un peu larges pour nos aventuriers, ces images un peu encombrantes pour leurs petites cervelles ratatinées. Ces cancres de la révolte que sont les pirates seraient bien éberlués d'apprendre qu'ils abritent tant de considérations dans leurs crânes bâtés. Bien sûr, bien sûr et pourtant...

Pourtant, le texte d'Éliade insiste sur le trésor immergé au fond de la mer et que gardent les monstres. Ce trait attire notre curiosité. Il fait songer à la magie de l'or chez les pirates. Les flibustiers ne pensent qu'à cela. Ils jouent leur vie pour un lingot. On sait bien que l'or dont parle Éliade est une substance métaphysique, mais celui des pirates est-il si différent? Le moment n'est pas venu d'en débattre. On le fera plus loin. L'usage absurde que le pirate fait de l'or établira sans équivoque qu'à ses yeux le métal jaune n'a aucun rapport avec sa valeur fiduciaire. L'or pirate n'est pas de ce monde.

Quant aux monstres de la mer qui gardent le trésor, on pensera peut-être que les courages rustiques des pirates s'en soucient assez peu. Ici encore, nous croyons que les choses sont moins simples. L'extrême du courage n'est pas exclusif de sensibilités extrêmes. Pour tous les hommes, la mer est un espace fascinant, elle épouvante et hypnotise en même temps. Parce qu'elle fait peur, elle ensorcelle. De Xerxès qui fait battre la mer à Lautréamont qui s'y voue comme à l'enfer, elle ne perd jamais ces vertus. Nos pirates n'échappent pas à la loi : ceux de la Grèce n'osaient pas mettre à la voile la nuit, ils se réfugiaient sur la terre. Et les Barbaresques, dont l'audace se soutenait de fanatisme, se délivrèrent mal des craintes que leurs ancêtres éprouvaient sur la mer. Après la conquête de l'Égypte par les Arabes, nous dit Ph. Gosse, le grand calife Omar écrivit à son général en chef pour lui demander ce qu'était cette mer dont tout le monde lui parlait. Le général répondit en décrivant la mer *« comme une énorme bête que des peuplades stupides parcourent comme des vers sur des poutres »*. Étrange rencontre qui souffle à ce général mahométan les images mêmes que rapporte Éliade, celles des monstres.

Faut-il dire que ces réflexions demandent à s'accorder à chaque cas? Le schéma que nous venons d'esquisser ne s'applique pas à tous les gens de mer. Dans cette peuplade si résolue, il est aussi des impurs, des tricheurs, des calculateurs. Par exemple, s'il est avéré qu'on entre plus aisément en piraterie qu'on n'en sort, quelques hommes ont réussi le passage dans le sens du retour. Ce phénomène s'observe dans les cas où le statut du pirate est assez confus pour se détacher mal de celui du corsaire. Au temps d'Élisabeth Ire, où la reine donnait en catimini sa bénédiction aux forbans, on en vit se retirer après fortune faite. Plus tard, au XVIIe siècle, un personnage aussi turbulent que Morgan se convertit et se transforme en chasseur de pirates. Quoi d'étonnant ? Les similitudes entre la fonction de policier et celle de bandit sont trop reconnues pour qu'on ait à méditer sur cet embrouillamini.

Plus énigmatiques sont les quelques flibustiers qui se rangent, reviennent à la vertu après avoir réussi un gros coup. Il faut bien les citer, encore qu'on les considère moins comme des pirates que comme des individus sans moralité, des joueurs cupides dans lesquels on chercherait en vain ces funèbres fascinations qui nous attirent chez leurs collègues plus sérieux. Ces apostats ne sont pas dépourvus de pittoresque. En l'année 1728, un Nantais nommé Jean Thomas Dulaien s'empare sans coup férir de quinze bateaux alors qu'il ne commande, lui, que deux rafiots. Il fait voile vers la Tortue pour y partager le gigantesque butin et faire radouber l'un de ses deux bâtiments. Là, durant que les marins s'affairent sur la coque, Jean Thomas appareille avec son second navire et le trésor : « *Adieu canailles*, crie-t-il à ses marins, *je vas en France et je suis plus forban.* »

Pierre le Grand, dont nous avons déjà croisé la route, est un homme de même étoffe. Après beaucoup de zigzags dans la mer des Antilles, il capture le bateau du vice-amiral des galions d'Espagne. C'est un coup de dés fabuleux. Pierre met aussitôt la barre sur son pays natal, Dieppe, et ne reprendra plus jamais la mer. La chronique n'ajoute rien sur ce personnage déconcertant. A nous d'imaginer le déclin de cette existence, sa lente dérive vers la mort dans les brumes de la Manche et s'il rêvait parfois à cette autre mer scintillante sur laquelle il avait joué en un instant, pour le gagner, le reste de son âge. Peut-être sa vieillesse fut-elle sereine. Un pirate à la retraite peut connaître la félicité. L'un des forbans ciliciens que Pompée fait prisonnier devient ce vieillard de Corcyre dont Virgile nous entretient dans les *Bucoliques*. Il est très âgé. Il goûte un bonheur calme entre ses ruches d'abeilles et les douceurs de son jardin.

Ici est le confin de la mer glaciale, sur
laquelle feut, au commencement de l'hyver
dernier passé, grosse et félonne bataille entre
les Arismapiens et les Nephelibates.

RABELAIS

Toutes les mers ne fascinent pas également les pirates.
Les eaux froides leur paraissent contraires. Il est vrai
qu'au XVIᵉ siècle, les mers tempérées grouillent d'em-
barcations révoltées. De l'Irlande à la Normandie, des
Flandres à la Baltique, un interminable jeu de cache-
cache oppose les marchands avec les bandits. Mais cette
piraterie, si elle est intense, conserve un caractère local.
Ceux qui la pratiquent sont des paresseux qui choi-
sissent un terrain de chasse proche de leur résidence
et du pays où s'attache leur cœur. Ce sont des pirates
de faubourg. En outre, la Manche, même la mer du
Nord, sont des mers froides, non des mers de glace.

Quelques forbans cependant semblent avoir cédé à
un véritable vertige du froid. Le pôle les ensorcelle.
Ces eaux vertes et dont l'éclat est mort, les barrières
de glace qui bornent l'horizon, les espaces blancs, vides
et stériles de la neige, il faut croire que ces images
parlent à leurs âmes. Ils étaient poussés vers ce néant
comme vers un inconcevable pays natal. De tels cas

sont assez rares. Ce qui donne un relief supplémentaire à l'épopée nordique de l'un des grands forbans du froid, le Danois Jurgen Jurgensen, dont les œuvres sont conservées au British Museum et dont nous parle A. -J. Villiers.

Jurgensen était le fils d'un horloger de la cour du Danemark. Né à Copenhague en 1780, sa tête fut dès son enfance remplie de rêves de bateaux. Son père l'horloger imagine de l'en dégoûter et l'embarque sur un brick charbonnier anglais qui fait les mers froides, mer du Nord et Baltique. Quatre ans de cette vie échouent à rectifier l'esprit de Jurgen et le voilà aventurier – baleinier dans les mers du Sud, corsaire le long des côtes africaines, second sur un navire hydrographique chargé d'explorer le détroit de Bass, du côté du pôle Sud, chasseur de phoques, de nouveau baleinier.

Tout cela est assez banal. C'est plus tard que son génie s'illustre. Nous le retrouvons à Londres. Son esprit cherche une idée. A l'époque, une guerre sévit entre l'Angleterre et le Danemark. L'Islande est coupée de son ravitaillement habituel qui lui arrivait du Danemark. Les Islandais en sont à mourir de faim. Un marchand anglais qui se nomme Phelp pense que cela est triste et qu'il y a de l'argent à gagner. Il décide de diriger sur l'Islande un bateau de vivres. Jurgensen en prend le commandement et quitte Liverpool à la fin de l'année. A cause du froid, l'entreprise est audacieuse mais Jurgensen a l'habitude du pôle et il parvient à forcer le passage. En Islande, il trouve des autorités si hostiles à l'Angleterre qu'elles repoussent d'abord les vivres britanniques. Jurgensen négocie et obtient de débarquer sa cargaison. Ensuite, comme il est obstiné, il retourne en Angleterre, charge de nouveau son bateau et revient. Derechef, il est mal accueilli par l'Islande. On lui enjoint de décamper avec ses vivres. On préfère mourir d'inanition que de manger des produits anglais.

Que faire en cette extrémité? Jurgensen se révèle comme un grand capitaine et un politique distingué. Il remarque que le lendemain de son arrivée est un dimanche et il saura en profiter. Ayant attendu que toute la population de Reykjavik, qui est très dévote, soit à la messe, il descend à terre. Là, il déploie sa petite troupe et se dirige vers la maison du gouverneur, un certain comte Tramp. Il divise ses forces en deux parties égales, six hommes devant la maison, six autres derrière, et il lance l'attaque.

Il ouvre la porte en brandissant deux pistolets. Surprise : le comte Tramp est étendu sur un sopha, ce mécréant n'est pas allé à la messe. Jurgensen le capture, renverse à toute allure le gouvernement si bien qu'un peu plus tard, lorsque la population sort de l'église, elle apprend avec un certain désarroi que l'île a changé de régime. Jurgensen se nomme roi et signe des proclamations précédées de la formule « Nous Jurgen Jurgensen ». Il déploie une vive activité législative. Reconnaissant envers la religiosité islandaise qui lui a permis de se saisir de l'île, il décide d'augmenter les traitements du clergé. Sa seconde ordonnance suspend toutes les dettes des Islandais envers les Danois, après quoi il entreprend un voyage pour prendre quelques bains de foule au milieu de ses cinquante mille sujets. Toutes ces initiatives sont accueillies avec faveur. Le clergé lui accorde son soutien. En revanche, si la suspension des dettes envers les Danois est saluée avec joie, elle entraîne des conséquences déplorables : les

Islandais — simplicité ou malice — en concluent que toutes les dettes sont abolies de sorte que le Trésor royal est bientôt tari et Jurgensen doit se gendarmer. La lune de miel entre le roi et ses administrés commence à s'ébrécher mais il réussit à maintenir son autorité.

L'aventure sera interrompue par l'arrivée d'un bâtiment de guerre britannique. Le capitaine Jones qui le commande sent bien que la situation n'est pas claire. Pour s'en faire une idée plus nette, il embarque à son bord, sans trop de ménagements, l'ancien gouverneur Tramp et le roi Jurgensen afin de les ramener à Londres. Le roi est dans un mauvais cas, il passe en jugement mais sa langue est si bien pendue qu'il s'en tire avec une brève peine de prison. Il se lance à nouveau sur les routes de l'aventure.

On ne l'y suivra pas car ces routes ne sont plus celles de la piraterie. Jurgensen devient un joueur acharné dans les casinos; il écrit une tragédie sur la mort du duc d'Enghien et un essai statistique sur l'empire russe. Le Foreign Office lui confie une mission d'espionnage qui paraît ténébreuse. Plus tard, avec sa manie des terres froides, on le retrouve en Tasmanie. Il y occupe plusieurs petits métiers, il est rédacteur en chef d'un journal local, agent de police, explorateur et garde forestier. L'âge fatigue son sang, il se range et se marie avec une dame vénérable. Cette dame est une luronne et, à Hobart, le spectacle devient ordinaire de l'ex-roi d'Islande en train de dévaler les rues à toute vitesse pour échapper à son épouse qui le menace d'un manche à balai. Il meurt à soixante-cinq ans. Nul ne sait aujourd'hui où se trouve sa tombe.

Et moi, je me suis contenté de l'Équateur.

HENRI MICHAUX

L'aventure de Jurgensen n'est pas unique. Deux siècles avant le fils de l'horloger danois, un Hollandais, Janz, avait fouiné du côté de l'Islande mais le froid, la maigreur des prises l'avaient déprimé, il se replie sur le Maroc où les pirates ont édifié une excellente petite république, à Salé. Les glaces des pôles ont vu défiler quelques autres navires de réprouvés et des cadavres de forbans doivent encore circuler dans plusieurs icebergs. Ces épisodes sont pourtant l'exception. Pour l'essentiel, la grande piraterie s'exerce dans les mers chaudes.

Négligeons les Barbaresques dont le fief est la Méditerranée. Cette mer n'est pas torride et si les Turcs y opèrent, c'est comme sur une mer domestique. Ils ont plus de chance que les marins d'Elisabeth car ils croisent dans les paysages les plus beaux du monde et sous des climats délicieux, mais leur cas est le même : la mer Méditerranée forme leur territoire, leur jardin naturel, comme la Manche est celui des marins d'Angleterre.

La Grande Course se développe dans les parages des Tropiques. C'est entre le Capricorne et le Cancer que le métier de forban présente ses traits les plus purs : l'exil y est vraiment exil, l'aventure est irréversible, la sauvagerie atteint son comble et la fatalité est la compagne des révoltés. Pour toutes ces raisons, il est équitable que la légende associe la piraterie aux lagunes, aux brumes tièdes, aux atolls. A rêver sur les pirates, personne n'aurait l'idée de situer leurs exploits en d'autres territoires que ceux du soleil.

Les Antilles sont inséparables de la fable pirate. Mais les courses de Teach ou de Snow dans le Pacifique, les tribulations guinéennes du capitaine Roberts, les embuscades tramées dans les détroits des Seychelles, les regrettables exploits des bandes de Malaisie, les cruautés distinguées des dames de la Chine, toutes ces péripéties, si diverses cependant, se ressemblent en ce caractère : elles ont pour théâtre l'espace bleu, morne et léthargique des mers tropicales.

Pourquoi les tropiques? Observons les Antilles. C'est une région mal administrée. L'autorité y est faible, corrompue, et l'éloignement des métropoles la protège de la police du roi. De surcroît, le pirate est un chasseur, il faut qu'il suive son gibier. Il dispose ses pièges sur les routes où passent les richesses ou bien il meurt d'inanition. Or, l'Amérique centrale et l'Amérique du Sud déversent sur l'Europe des trésors fabuleux : or, argent, pierreries. Le même tableau s'adapte aux autres territoires tropicaux : Madagascar est sur la route des Indes, de la soie et de l'argent. La Chine est bourrée de légendes et d'épices...

Ces raisons sont suffisantes à établir le lien entre la piraterie et les tropiques. Plutôt, elles seraient suffisantes si l'esprit du pirate fonctionnait comme celui d'un P.-D.G. Ce n'est pas l'ordinaire. Le pirate est mal doué pour les organigrammes. Sa cervelle est petite et fantasque. Il se confie à son humeur, non à sa raison. La fatalité le gouverne plus que les profits qu'il espère. Si ceux-ci pèsent pourtant dans sa vocation, il faut y voir un simple effet de surface. En posant un masque sur le visage du forban, la cupidité dérobe les véritables motivations, bien plus troublantes, qui sont au travail dans cet homme. C'est pourquoi, sans nier les aspects stratégiques ou commerciaux de la vocation pirate, on voudrait retirer ce masque pour un instant. D'autres configurations se dessineront. Comme au travers d'une ruche de verre, on verra s'agiter l'énigmatique désir dont sont ensorcelés les pirates des mers chaudes.

> Ce n'est pas sans raison que nous nous tour-
> nons vers le Sud, lorsque nous cherchons la
> chance. Un ancien souvenir y pousse, et c'est
> une reconnaissance qui nous rend heureux au
> bord des mers du Sud. Ce sont les bains du
> Tertiaire... Le monde est en l'homme, avec
> son histoire et sa préhistoire; en l'homme
> sont le labyrinthe et le sphinx qui lui pose
> des questions.
>
> ERNST JÜNGER

Le lieu du Paradis terrestre est mal déterminé. La Bible l'établit entre l'Euphrate et le Tigre, le Nil (ou le Niger) et le Phase, ce qui couvre une vaste superficie en Asie comme en Afrique. Aucune imagination en tout cas n'a jamais associé l'Éden et les régions froides. Adam et Ève sont nus et le jardin de volupté est torride. Des bêtes le peuplent, des girafes, des éléphants, des zèbres, des serpents mais pas beaucoup d'ours blancs. Les oiseaux qui jouent parmi les lianes et les palmes sont des oiseaux multicolores, un passereau déteint de nos contrées y paraîtrait saugrenu. Le Paradis terrestre est peint de couleurs violentes, il ruisselle de lumières et de soleils.

On vient de décrire le paysage où sévissent les fli-bustiers et les boucaniers. Le pirate est un survivant monstrueux et dépravé du jardin d'Éden et la mer pirate est la « mer promise ». Il vit comme vivait Adam avant qu'Ève ne fît ses manigances. Du rêve de l'abon-dance originelle, il a conservé le dégoût de travailler.

Si quelque forban parvenu au grand âge doit abandonner la course, il répugne encore à se mettre au boulot. C'est que la parabole évangélique du lis des champs n'est pas tombée dans l'oreille d'un sourd et le vieux pirate préfère manger des bananes. Il se décompose, dans les pestilences embaumées des tropiques, et retourne par lambeaux à l'innocence primordiale du cosmos. Il devient « étincelle d'or de la lumière nature ». Quant aux autres, du temps de leur service actif, ils évitent comme la peste les deux civilisations issues du péché originel, celle du *berger* et celle du *cultivateur*.

Cette horreur du travail passe pour un défaut. On peut la considérer au contraire et l'éprouver comme une soumission à la loi originelle. Le berger et le cultivateur – d'où sortiront les ouvriers, les ingénieurs, les savants – n'ont de cesse qu'ils n'aient modifié la règle de l'univers. Ils le démontent pour le remonter différemment, ils l'améliorent et le saccagent, ils en arrangent le modèle, en altèrent le fonctionnement.

C'est manquer à la modestie que de corriger l'œuvre du créateur. Et ce comportement activiste porte le germe de conséquences détestables. Les hommes modernes sont placés pour en connaître. Chaque jour, ils mesurent que l'*homo faber* défait quelques mailles de l'ouvrage. Nous pensons ici à la bombe atomique et bien davantage au procès de dépérissement de la nature. Lévi-Strauss en parle passionnément : « *Depuis qu'il a commencé à respirer et à se nourrir, jusqu'à l'invention des engins atomiques et thermo-nucléaires, en passant par la découverte du feu – et sauf quand il se reproduit lui-même – l'homme n'a rien fait d'autre qu'allègrement dissocier des milliards de structures*

pour les réduire à un état où elles ne sont plus sus-
ceptibles d'intégration. »

Le pirate est de l'avis de Lévi-Strauss. Ce révolté définitif s'incline devant les décrets de la Providence. Très respectueux de l'ordonnance que le Bon Dieu a assignée au monde dans ses commencements, il se range aux fatalités de sa condition. Sa léthargie traduit sa révérence au labeur de Dieu. Il égratigne à peine l'univers où le sort l'a fait naître. Discrètement, il y passe, en veillant à n'en déranger rien. Sa modestie lui interdit même de fonder, de construire ou de préparer. Il ne plante ni ne bâtit. Il ne transmet pas son expérience. Trop désenchanté pour croire qu'il améliore la création, il met son énergie à tendre la main et recueille les dons de la nature. Les petits métiers qu'il exerce appartiennent à ce qu'Hésiode appelle l'âge d'ôr – l'âge de pierre de nos savants. Certains forbans sont chasseurs et ce sont les boucaniers. D'autres sont pêcheurs. Sans doute, les poissons qu'ils traquent sont des navires marchands mais cela confirme qu'Adam devenu pirate est un peu perverti et d'ailleurs, les marchands représentent précisément cette civilisation qui dévaste l'édifice originel : c'est consolider l'ordre primordial que de les supprimer.

Comme rien n'est parfait en ce monde, il arrive que le pirate compose avec ses principes. Il lui faut s'activer à son bord, il lave le pont, il démonte son escopette et nous verrons qu'il met beaucoup de soin à manœuvrer son navire. Mais on comprend la raison de ces activités ménagères. Si les pirates travaillent, c'est en vue de gagner leur vie sans travailler. Ils travaillent pour échapper à la règle sociale du travail. Ces formules n'énoncent pas un paradoxe. Elles disent que le rêve adamite a du mal à prendre forme dès lors que les portes du Paradis terrestre se sont refermées.

Les terres où les forbans ourdissent leurs entreprises ne sont pas des terres vierges. Des indigènes les peuplent. Il faut convenir que les relations entre les marins et les Indiens ne sont pas toujours tendres. Elles peuvent tourner à l'aigre. Morgan coupe en tranches beaucoup d'Indiens. Mais la couleur de la peau indienne n'est pas la raison de ces vilenies. On tue les Indiens si leur présence gêne le pirate dans son art. Ces façons misérables sont en outre le fait de quelques réprouvés seulement et Morgan est une répugnante canaille. Une brebis galeuse ne doit pas jeter son ombre sur tout le troupeau.

Pour leur majorité, les gens de mer ne sont pas cruels envers les Indiens. La férocité, dans ces temps et dans ces lieux, est réservée aux militants de la civilisation occidentale, aux soldats espagnols par exemple qui s'exténuent à introduire le Bon Dieu dans les païens, à peine de les tuer si Jésus n'y peut faire son nid. Les pirates ignorent ces manières. Ils sont clairement antiracistes, ce qui n'est pas commun dans ces siècles. Ce comportement est raisonnable : les pirates, comme les sauvages, sont des parias de la civilisation. De sourdes complicités unissent les uns avec les autres. Si le forban a pris la mer, c'est qu'il détestait la société policée de son temps. Il doit se sentir fraternel avec ces primitifs dont Voltaire nous dit qu'ils sont « *nos antipodes au physique et au moral* ».

Nous avons cité le nom de Monbars. On l'appelait « l'Exterminateur » car il s'enrôle dans la flibuste à dessein de faire payer aux Espagnols le génocide commis contre les Indiens. Exmelin, qui est un sensible, en tire juste gloire : « *Il semble que la Providence ait suscité les aventuriers pour châtier les Espagnols qui ont été le fléau des Indiens.* »

L'indifférence montrée par les forbans aux races et aux patries (sauf dans quelques cas analysés plus loin) est à porter à leur crédit. Misson mélange harmonieusement dans sa troupe les couleurs de peau. Dans la bande de Bowen cohabitent des Anglais, des Danois, des Suédois, des Hollandais. Taylor divise son équipage en groupes de sept avec panachage : trois Anglais, deux Français, un Portugais, un Suédois. Certains pirates des Indes occidentales ne se souviennent plus s'ils sont Français ou bien Anglais.

Oserons-nous dire plus avant? Notre sentiment est que le sauvage tend à l'aventurier la figure de son désir. Voici des hommes nus et purs. Ils s'accommodent aux règlements de la nature. Ils méprisent le labeur et l'écriture. Bien sûr, leur existence n'a rien de fastueux et, ces survivants de l'âge d'or sont quelque peu ratatinés; du moins ont-ils refusé de quitter le Paradis terrestre et ils s'efforcent d'en prolonger le maigre reflet, d'en ranimer les dernières braises dans leur bout du monde. Ils se vouent à leurs instincts. Ils sont brutaux ou aimables, féroces ou généreux. Ils ont préservé leurs liens avec le cosmos. Ils fusionnent avec la nature dont ils ne forment qu'une des expressions, au même titre que les pierres ou les plantes. Leur existence se déroule dans l'indifférencié. Les générations se succèdent, sans archives et sans progrès. Leur culture n'a pas de mémoire. Elle répète inlassablement, et d'une voix morne, la même petite phrase prononcée dans les débuts du monde. Tout ceci peint le tableau d'une impossible innocence. Les pirates sont fascinés.

Ils ne sont pas les seuls, en ces époques. Si les boucaniers sont un peu en avance sur la philosophie du temps, leur utopie sera relayée au XVIIIe siècle par les *naturalistes* que l'Occident dépêche aux quatre coins du monde. Des gravures nous montrent ces messieurs vêtus d'habits et de chapeaux de paille jaune, plantés dans les clairières tropicales et considérant, l'œil ébloui, les arbres et les oiseaux. Certes, le souci naturaliste n'est pas évident chez les forbans encore que le boucanier se soit assez intéressé aux mœurs des porcs d'Hispaniola, mais que cherchaient en somme les naturalistes dans leurs périples? Pagès répond à cette question : « *Les choses*, dit-il en 1767, *qui pouvaient me rapprocher de cette simplicité primitive de la nature sauvage, belle de sa propre beauté, telle que je me la peignais lorsqu'elle sortit des mains du Créateur* », et Patterson, en 1777, revient sur la même idée à propos de l'Afrique : « *Là, (le naturaliste) verra tous les objets simples dans leur état de nature et considérera dans le sauvage hottentot ces vertus qu'il a peut-être désiré vainement trouver dans les sociétés civilisées.* »

Ne faisons pas de nos pirates des ethnologues, des innocents, des poètes ou même des gentils membres du Club Méditerranée. Mais on peut concevoir que les mêmes motifs, appliqués dans des têtes diverses, ouvrent des voies différentes : le goût du néolithique, si patent chez un savant comme Lévi-Strauss et qui lui fait aimer les papillons, les rochers et la classification des pensées sauvages, peut bien pousser d'autres hommes à choisir la mer pour demeure et les jungles pour lieu de repos.

Toute l'histoire du monde est traversée de cette nostalgie. Les hommes ne se remettent pas d'avoir oublié leur candeur et abîmé l'univers. La manie des résidences secondaires l'exprime de nos jours dans un langage dévalué mais on en connaît des signes plus convaincants. Au XIXᵉ siècle, les Indiens guaranis, du Mato Grosso, se mettent en marche, par bandes immenses, afin de découvrir le pays sans péché, le Paradis terrestre, dont ils savent qu'il s'étend, justement, de l'autre côté de l'Océan. À quoi fait écho la voix de Nietzsche : « *Notre vigueur elle-même nous pousse vers la haute mer, vers le point où tous les soleils, jusqu'à présent, se sont couchés. Nous savons qu'il y a un nouveau monde.* » La haute mer, le point où les soleils se couchent, le rêve de Nietzsche ne passe pas loin de l'île de Tortuga.

Nous retrouvons ici la mer. Les poètes en font le lieu de l'innocence. « *Sur la mer que j'aimais comme si elle eût dû me laver d'une souillure*, dit Rimbaud, *je voyais se lever la croix consolatrice. J'avais été damné par l'arc-en-ciel. Le bonheur était ma fatalité, mon remords, mon ver.* » Et Baudelaire, si contraire pourtant au génie des pirates (citadin, civilisé et avare), Baudelaire, à de certains moments, songe à la mer comme à l'innocence :

« *Dis-moi, ton cœur, parfois, s'envole-t-il, Agathe,
Loin du noir océan de l'immonde cité,
Vers un autre océan où la splendeur éclate,
Bleu, clair, profond, ainsi que la virginité ?
Dis-moi, ton cœur, parfois, s'envole-t-il, Agathe ? »*

> Au bout d'environ dix ou douze jours que
> j'étais là, il me vint en l'esprit que je perdrais
> la connaissance du temps faute de livres, de
> plumes et d'encre, et même que je ne pourrais
> plus distinguer les dimanches des jours de
> fête.
>
> *(Robinson Crusoé)*

Tous les thèmes que nous venons d'esquisser sont rassemblés dans un épisode que relate la chronique. Cet épisode est si bref qu'il risque de passer inaperçu et les éléments qui le composent, si simples cependant, se combinent de telle sorte qu'il en devient indéchiffrable. C'est en quoi il nous passionne. L'énigme de la piraterie y brille comme les feux de la nuit, dans les transparences d'un diamant.

En 1684, M. Basil Ringrose, quel joli nom, publie l'histoire du navire forban *Santissima Trinidad* qui a accompli un fantastique périple autour de l'Amérique du Sud dans les années 1680, 1681 et 1682. Ce récit, fertile en détails, forme un témoignage excellent sur la vie des aventuriers. Nous le négligerons pourtant pour accommoder notre lunette sur un épisode que Ringrose signale au détour d'une phrase et qu'il tient pour insignifiant.

Le jour de Noël 1680, nous apprend M. Ringrose, les marins du *Santissima Trinidad* aperçurent au large du Chili l'île Juan Fernandez qui est celle de *Robinson Crusoé* et « *au matin de bonne heure, ils tirèrent trois volées de canon pour donner de la solennité à cette grande fête* ».

Le sens de l'épisode est net. Il s'agit d'un salut à l'innocence. Cette scène vient de l'enfance, elle s'épanouit tout à coup, dans son ineffable pureté, au milieu des tourments et des vilenies qui font le lot de la flibuste. Elle est un regard nostalgique vers le « vert paradis » de l'enfance. De toutes les images données aux petits garçons et aux petites filles, celle de Crusoé est la plus candide. Ses aventures nous transportent dans l'Éden, au cœur d'une nature rude et sauvage mais sans souillures et dans la familiarité des bêtes et des plantes. Sur l'île déserte où la tempête l'a drossé, Robinson s'emploie à recommencer le monde en ses débuts, en bouchant toutes les fissures par où menacerait de sourdre le mal. Le mythe a même pris soin d'exclure la femme dont on sait qu'elle crée des problèmes chaque fois qu'elle entre en paradis. Rêve néolithique, donc, et Rousseau ne s'y est pas trompé qui tient *Crusoé* pour une des grandes fables du monde et le donne à lire à son Émile, comme Malraux le situe au plus haut, entre *Don Quichotte* et *L'Idiot*.

En outre, dans son souci de nous éviter toute erreur de déchiffrement, le *Santissima Trinidad* croise l'île de Juan Fernandez le 25 décembre et à l'aube. C'est dire que l'image est surdéterminée : le matin, les clartés du ciel, le soleil froid sur l'île inhabitée, tout cela nimbe l'épisode de la clarté des origines : Noël sur la mer, la rédemption des péchés du monde, la naissance des temps nouveaux; on conçoit que l'équipage du navire ait vibré à tant de coïncidences et qu'il ait lâché ses coups de canon comme on effectue à toute allure un raid hors de la sanie et de l'impureté pour goûter au bonheur. Le malheur est que l'enchantement est provisoire. Même devant l'île de Crusoé, le 25 décembre n'est pas éternel. Dès le 26, le mal se remettra à l'ouvrage, les pirates le savent, mais ils jettent un instant leur ancre dans le temps. Le lendemain, nous dit Ringrose, la zizanie envahit le navire, les marins se disputent comme des chiffonniers et le capitaine Sharp est jeté aux fers. Cet épilogue est déprimant, il n'empêche, le matin de Noël, le fracas du canon, l'île de Crusoé sur le bleu des flots, tout cela compose un souvenir irremplaçable.

Cette histoire enseigne que la vie d'un pirate n'est que le déploiement d'un songe de l'enfance : « *Toute sa vie,* dit Dante dans la *Vita Nuova, s'est passée à développer le songe d'une matinée.* » Le pirate ne procède pas autrement. C'est un homme qui a refusé sa place dans le monde des adultes. Il a imaginé de prolonger pour toujours la félicité de ses premières années. La vie est un jeu. La raison, le travail, la responsabilité, toutes les inventions de l'âge glissent sur sa résolution. Son bateau, son coutelas, ses emblèmes, ses tromblons sont les figures d'une panoplie. Le drame est que cette panoplie est monstrueuse, elle n'est pas du tout « pour de rire » : les tromblons tirent vraiment, les couteaux coupent des têtes et les forbans sont des brutes. Le rêve d'enfance est promis à la perversion. Un cauchemar sanglant lui succède mais le tremblement lumineux des images du rêve n'est pas mort. L'épisode des volées de canon au large de Juan Fernandez l'établit sans équivoque.

Il convient maintenant d'ajouter une précision qui

ruine tout l'édifice, en mêle les pièces au point d'introduire soudain, parmi tant d'évidences, la nuit la plus opaque. Le *Santissima Trinidad* longe l'île de Juan Fernandez le 25 décembre 1680. Et c'est trente ans plus tard seulement, en 1709, que le capitaine Woodes Rogers découvre sur cette même île le marin irlandais Alexandre Selcraig, ou Selkirk, qui avait vécu quatre ans dans la solitude à la suite d'un naufrage, et qui deviendra le modèle de Defoe pour Robinson en 1719. Ce chevauchement des dates brouille décidément les perspectives de notre petite allégorie. Il ne les annule pas cependant. Il augmente leur simplicité d'un curieux vertige.

Le fait est que l'équipage du *Santissima Trinidad* salue l'île de Robinson trente ans avant que Robinson vive dans cette île, quarante ans avant que Defoe en apporte la nouvelle au monde. On peut proposer plusieurs explications. L'une est que le hasard, seul, a disposé les figures de cette histoire. Elles ne sont pas soudées les unes avec les autres par la nécessité que nous y croyons déceler : le *Santissima Trinidad* n'aurait lâché ses volées de canon que pour la raison du jour de Noël et Crusoé ne serait pour rien dans l'affaire.

Cette thèse est ingénieuse mais bien abracadabrante. Il n'est pas d'autre exemple que le matin de Noël ait été salué par les pirates avec leurs canons. Au surplus, ne serait-il pas étrange que l'île ainsi saluée par hasard devienne trente ans après le lieu où ces mêmes coups de canon se revêtent de sens? Pour ces raisons, on peut avancer des explications plus triviales. En vérité, tout se passe comme si les trois volées de canon, tirées en 1680, avaient été lâchées pour ne résonner que trente ans plus tard, comme si les forbans, dans la crainte de ne pas revenir dans ces parages en temps opportun, avaient pris leurs précautions, avec l'espérance que les échos de la canonnade se feraient encore entendre après que Robinson aurait converti cette île en un haut lieu de la fable du monde. Cette explication a sur la précédente l'avantage d'être claire, simple, accessible à chacun et de se ranger à la vérité des faits.

Elle suggère que les pirates occupaient d'insolites positions dans le temps. Leur industrie, si elle se développe pour une part dans la même durée et sur le même univers que les nôtres, s'en délivre aussi. Sur les mers où ils naviguent, les années, les jours, les minutes et peut-être les siècles s'ordonnent selon des règles qui nous sont obscures. Comme leurs bateaux vont et viennent le long des latitudes et des longitudes, ils remontent les années vers leur source ou les descendent au contraire. Il arrive que leur temps et le nôtre mélangent leurs grilles et c'est un combat contre un navire marchand, mais dans quels confins de la réalité les bateaux noirs disparaissent-ils, après qu'ils se sont en allés?

Cette interprétation n'a pas que le mérite de la clarté. Elle aide à notre tâche. Le chapitre précédent a établi que les pirates fuient la société des hommes en se déplaçant dans l'espace, en cinglant vers des contrées aussi éloignées que possible de cette Europe où l'histoire s'accomplit. L'insolite affaire du *Santissima Trinidad* nous enseigne que les pirates disposent d'un autre stratagème s'ils veulent se garer de l'histoire. Comme ils se protègent de ses souffles délétères grâce à l'espace, ils peuvent lui échapper en se promenant dans les années, le long des lignes inaperçues du temps.

> On conçoit généralement le voyage comme
> un déplacement dans l'espace. C'est peu. Un
> voyage s'inscrit simultanément dans l'espace,
> dans le temps et dans la hiérarchie sociale.
>
> CLAUDE LÉVI-STRAUSS

C'est dans le temps que le navire pirate trace son sillage. Il peut bien faire mine de cingler vers Hispaniola, les Comores ou Diego Suarez, ces itinéraires fonctionnent comme des leurres à l'abri desquels le forban accomplit son plus profond désir, c'est-à-dire celui qu'il ignore lui-même. Toute sa carrière obéit à une hypnose : qu'il souque ou qu'il dispose ses voiles au vent, qu'il pointe ses bombardes ou qu'il s'endorme sur un atoll, son obsession ne varie guère, quitter le recoin du temps où la Providence l'a établi, remonter les siècles dans l'espérance d'aborder aux îles qui étincellent, là-bas, dans les clartés d'aurore de l'origine : « *Lorsqu'il rêve d'aller dans la mer ou chez les Indiens,* dit Jünger à propos de l'enfant – mais on sait que la piraterie est l'enfance –, *c'est une ancienne nostalgie, un souvenir prébabylonien qui s'éveillent en lui.* »

Misson, Lewis, M. Ringrose, la plupart de leurs confrères ont déjà témoigné sur cette horreur du temps. Il faut y ajouter que les formes mêmes de l'industrie pirate constituent une invite permanente à voyager sur les millénaires. Que le pirate soit à terre, c'est-à-dire à la lisière des cultures sauvages, ou sur son vaisseau, en haute mer, il baigne dans un temps que Jünger nommerait « prébabylonien ».

Les sauvages des Antilles ou de Madagascar proposent un modèle de temps insolite. Indiens de Guyane ou compagnons de Teach partagent le besoin d'échapper au cauchemar de l'histoire. Lévi-Strauss, quand il déchiffre les récits des Indiens bororo, aperçoit que leur ultime parole se donne comme une *anti-histoire*. Davantage : le mythe révèle que le sauvage s'est sérieusement posé le problème de l'histoire, qu'il en a reconnu l'effroi et qu'il a résolu de la rejeter. Le mythe a pour mission d'opposer une digue aux vagues de l'histoire. Il remplit en somme le même rôle que les murailles de pierre dont Misson encercle son utopie de *Libertalia*, comme pour protéger sa société adamite des miasmes, des pestes et des corruptions du siècle.

Ces idées sont simples, il est donc préférable de s'interroger plus à loisir sur un aspect très curieux et mal reconnu de la piraterie : l'usage que cet art fait de la mer et qui contribue aussi à imposer cette sortie du temps.

« *Il est difficile aux personnes qui n'ont jamais navigué*, dit Chateaubriand, *de se faire une idée des sentiments qu'on éprouve lorsque du bord du vaisseau on n'aperçoit plus de toutes parts que la face sérieuse de l'abîme.* » Ces sentiments peuvent être précisés. Pour le marin, l'univers s'offre comme un cercle et ce cercle ne cesse de se déplacer avec le navire. Le bateau a beau filer ses dix nœuds, sa situation ne se modifie guère puisqu'il occupe toujours le centre du cercle. Il progresse et il reste immobile en même temps; reflet de la position ambiguë du pirate, et de ses troubles relations avec le temps : à la fois il y baigne et le temps glisse sur lui.

Il est vrai que tous les marins subissent ces lois mais le navire marchand en atténue les effets, le pirate les augmente. C'est qu'ils ne font pas le même usage de la mer. Un marchand sait où il va. Sa tâche est de relier un port avec un autre port. Pour lui, la mer est un espace vide qui sépare, un « rien » qui s'étend entre deux rivages. Naviguer, c'est convertir ce vide, et, si l'on ose le dire, l'anéantir. C'est une manière d'utiliser le temps pour abolir l'espace. Deux mois de navigation permettent à Bordeaux de venir se coller à Rio de Janeiro. Le bateau a charge d'effacer cet hiatus, cette coupure géologique que Dieu a établie entre les continents. Par le vaisseau marchand, la coupure devient donc un puissant élément de rencontre et de passage entre les hommes. D'abîme, elle se change en passerelle. Le navire forme le symbole de cette tentation prométhéenne : il nie la mer.

Or le pirate, s'il va sur les mêmes mers, en détourne le sens. Quand il patrouille sur l'océan, ce n'est pas en vue de réduire ou de supprimer l'espace entre deux continents, deux villes. Il a dessein au contraire de creuser sans cesse cet espace, d'en maintenir la béance, de donner raison à l'eau contre la terre, à la géologie contre la civilisation, à l'ordre primordial contre celui des ingénieurs. En chassant les navires marchands, il défait maille à maille le réseau que la société tisse sur la mer. Le navire pirate n'est pas lien mais solitude. Il détourne la mer de sa vocation. Même, il la restitue à sa vocation initiale, telle qu'elle était déterminée au sortir des mains de Dieu : abîme entre les terres.

Quelques récompenses suivent : pour un voyageur ou un marchand l'important n'est pas le bateau, c'est-à-dire le centre du cercle, mais le cercle lui-même et la sortie de ce cercle : « *Alors que je me croyais au centre du monde*, dit J.-P. Richard à ce propos, *je n'en occupais que le rebord, la marge la plus perdue, et le centre, c'est ce lointain là-bas qui toujours s'écarte.* » Cette formule n'a pas de sens si on l'applique au pirate. Sans itinéraire et sans but si ce n'est celui de couper l'itinéraire des autres, le forban baguenaude, il zigzague, il ralentit, il met en panne ou bien il fonce. Cette fantaisie peut atteindre des degrés extrêmes. Un aventurier, parti de l'Inde pour Madagascar, rate l'île, qui n'est pas petite, et atterrit à mille lieues. Un autre se retrouve aux antipodes de sa cible. Or, les pirates sont d'admirables navigateurs. Leurs erreurs ne peuvent être imputées à des fautes techniques. Elles illustrent leur indifférence à leur but, donc à l'espace. La route a moins de signification que le navire, la terre moins que la mer.

Dès lors, dans ce vaste cercle liquide qu'est l'univers aux yeux du pirate, le navire est bien le centre réel. Ce centre n'est pas, comme l'indique Richard pour les navires ordinaires, « *ce lointain, là-bas, qui toujours s'écarte* ». Pour l'aventurier, le centre est bien le navire, c'est-à-dire lui-même. Il transporte tout son monde avec lui comme un escargot sa coquille. Le cœur du monde se déplace avec lui. Ce trait nous renvoie vers des mentalités primitives ou sacrées pour qui le centre de l'univers est le lieu où chaque groupe demeure. Jérusalem, Babylone, Athènes, Rome sont centres du monde. S'éloigner de ces villes, c'est abandonner une zone forte pour s'enfoncer dans des espaces de plus en plus inertes.

Mais Jérusalem ne se promène pas sur la surface de la terre. Le navire, oui. Et ces cercles d'horizon qui s'engendrent toujours et s'effacent pour se recomposer, cela dessine une figure vertigineuse. Le monde devient circularité pure et essentielle. Il est une étendue sans angles. Cette remarque n'est pas négligeable. Elle exprime que, si le pirate a pris congé du monde, c'est en un sens bien plus profond que celui d'un simple exil. Il a quitté le monde auquel l'homme a imposé sa règle, son compas, son fil à plomb, son cadastre et sa trigonométrie. Il rejoint un monde d'avant la géométrie. En se vouant au cercle et non à l'angle, l'aventurier accomplit une fantastique cabriole en arrière, qui le transporte en deçà d'Euclide, des calculateurs de Babylone et des ingénieurs des Pyramides.

Toute sa vie est placée sous l'emblème du cercle — cercle de l'horizon sans cesse renouvelé, cercle du ciel sur lequel la boule du soleil suit son périple circulaire, cercle de la nuit claire des Tropiques, cercle des étoiles qui tournent sur son sommeil, cercle enfin des journées égales. Il suit que le temps du pirate est contraire à celui du terrien ou du voyageur : c'est le temps monotone de l'astrologie, du recommencement éternel, de la grande Année de Platon ou des cycles cosmiques hindous, MAHÂYUGA, KALPA et MANVANTARA. Ce n'est en aucune manière le temps linéaire, procédant par progrès, accumulation et impossible retour, dont est tissue l'Histoire. C'est le temps religieux ou sacré.

De sorte que la soumission au cercle, non à l'angle, confère au pirate une position exceptionnelle parmi les hommes civilisés. « *Il est manifeste*, dit Jünger, *que le mesuré augmente. Et ce mot a aussi bien des sens. L'art de mesurer, le pouvoir du géomètre doit en même temps augmenter. Ses créations apparaissent d'abord en certains points de l'âge d'argent, puis recouvrent des pays et se sont étendues aujourd'hui à la planète, y compris les mers, les déserts et les zones glacées. Si nous cherchons un signe commun à ces créations c'est le fait de l'angle qui s'impose. L'art de mesurer et l'angle sont en relation. Dans le pouvoir de diviser le cercle à notre gré et non pas forcés de le faire comme les fleurs et les abeilles, s'accomplit un affranchissement décisif, une première preuve de liberté. Là où les tombes et les habitations commencent à montrer des angles, quelque chose de nouveau vient au monde.* »

Ce texte admirable – comme tout Jünger est admirable – nous éclaire. Il rejette le pirate hors de l'histoire, dans les temps archaïques et immobiles. Encore, il le fait redescendre d'un règne à un autre règne : voici le forban apparié à ces abeilles qui éprouvent la circularité du monde sans vouloir ni savoir diviser le cercle à leur gré comme le font les hommes. Pauvres pirates, en tombant tout à coup au rang des fleurs, ils récoltent en passant un nouveau trait d'inhumanité dont ils n'avaient pourtant pas besoin.

Mais la réflexion de Jünger exprime davantage. Elle associe la *liberté* à l'apparition de l'*angle* et du mesuré quand la civilisation du *cercle* demeure livrée à la *nécessité*. De nouveau, nous voici surgir en un carrefour mystérieux, dans un entrelacs de contraires où les exclusions perdent leurs pouvoirs. Une nouvelle phase s'ouvre de la longue partie de colin-maillard que mènent, dans le pirate, le destin et la liberté. Tout se passe comme si en se saisissant avidement de ce qu'ils nomment leur indépendance, les aventuriers n'en saisissaient que le trouble reflet, une ombre, une illusion, et cédaient au contraire à la plus raide des fatalités.

Tant de paradoxes, de déchirements et d'amalgames assortissent la condition du pirate d'une rumeur de drame. Sa randonnée vers l'affranchissement, vers la liberté des grands larges et des résurrections finit par le ligoter dans une destinée d'abeille, quelle dérision. Le même trouble organise les relations du pirate avec l'histoire. Sa passion est de fuir les abattoirs de l'histoire mais il est né dans les terres de l'histoire et l'histoire l'a souillé, frappé au cœur de son poinçon noir, mutilé. Il y demeure englué comme dans une bave épaisse, nauséabonde et collante. Pris dans les filets et les sortilèges du temps, il a beau se débattre comme un diable pour s'en évader, chacun de ses efforts l'entortille encore dans ses rets.

> Ces décisions, comme je vous le disais, sont parfaites la plupart du temps. Le seul ennui c'est qu'en général on les apprend trop tard et que l'on continue à discuter passionnément sur des affaires réglées depuis longtemps.
>
> FRANZ KAFKA

L'espèce pirate est composée de races nombreuses et disparates. Elles ne peuvent se ranger toutes à la même loi. Et chaque équipage, chaque marin est formé de tant de désirs que toute vérité engendre aussitôt son contraire. C'est le lot de tous les hommes mais le pirate se distingue d'être à l'aise dans ces anomalies. La logique n'est pas son fort. La constance lui est inconnue. C'est peut-être Descartes qu'il a fui en fuyant la terre. Il dédaigne Aristote et la règle du tiers exclu. Manichéen, il aggrave son cas de juxtaposer le blanc et le noir et de circuler sans effort d'une conviction à son envers. L'antiracisme, si net dans la corporation, se double d'un violent racisme religieux. Le refus passionné de l'histoire aboutit à une rentrée dans l'histoire.

Les Joasmées qui s'activent le long des côtes de l'Inde sont de terribles massacreurs mais ils tuent au nom d'Allah. Les Barbaresques n'agissaient pas différemment, comme les pirates chrétiens de Malte ne s'en prenaient qu'aux infidèles. En 1698, Darby Mullins, un coquin traduit en justice, avance, pour se défendre, l'argument que ce n'est pas pécher que de massacrer des païens. La même idée justifie les protestants de poursuivre les galères d'Espagne. Les Gueux de mer de La Rochelle se considèrent comme des croisés lancés contre les papistes.

Ces comportements sont équivoques. Ils s'expliquent par le souci de séduire les jurés. Ils calment en même temps les sursauts d'une conscience malheureuse car les hommes capables d'éprouver leur propre noirceur ne sont pas légion, même dans les sociétés perdues. Tout prétexte est bon s'il permet d'exercer ce vilain métier sans repentir. Si l'on noie son chien, c'est toujours qu'il est enragé. Pour les pirates, la rage s'annonce par plusieurs symptômes : une religion différente, une nationalité adverse.

La preuve en est que les flibustiers refont volontiers l'histoire si l'histoire ne coule pas dans leur sens. Ils utilisent l'histoire aussi longtemps que la chose est favorable à leur industrie pour en prendre congé le jour où elle heurte leurs intérêts. Ce phénomène est courant aux Antilles. Si la France fait la guerre à l'Espagne, les flibustiers se prétendent un peu corsaires. Mais que Paris se raccommode avec Madrid et les voilà pirates à part entière.

Les plus retors n'hésitent pas à nier certains mouvements de l'histoire. Ils font songer à cet instituteur si attaché à l'idée monarchique qu'il camouflait à ses élèves la prise de la Bastille et leur enseignait, après 1789, une histoire imaginaire où les rois tenaient la place des républiques niées. On voit des flibustiers ignorer les traités de paix qui leur déplaisent : « *Un gouverneur de la côte pacifique*, dit Hubert Deschamps, *qui se prévalait, auprès d'une bande franco-anglaise, d'un traité d'alliance conclu entre l'Espagne et l'Angleterre, fut considéré par les flibustiers comme un plaisantin. L'Espagne, pour eux, était une proie offerte par la Providence et son pillage leur seule raison d'être.* » Les voyous du Pacifique prennent sous leur bonnet de raturer et de modifier à leur convenance les traités que Louis XIV et Vergennes ont la légèreté ou la discourtoisie de signer sans leur approbation.

Ces cocasseries ne sont pas futiles. Elles traduisent la relation inconfortable des aventuriers avec l'histoire : ils la détestent et ils ne peuvent s'en passer. Ils n'ont pas la chance des sauvages, nés hors de l'histoire, à l'abri de ses prises et de ses charmes. Les forbans ont beau récuser la société, elle les a frappés de son sceau et ce sceau est indélébile : « *Je suis esclave de mon baptême*, dit Rimbaud. *Parents, vous avez fait mon malheur et vous avez fait le vôtre. Pauvre innocent. L'enfer ne peut attaquer les païens.* » Les forbans peuvent rêver à Robinson et aux païens, ce rêve est insensé. Ils sont esclaves de l'histoire et de son baptême. S'ils s'obstinaient dans leur décision, il leur faudrait mourir puisque leur industrie se nourrit des richesses que la société charrie sur les océans (et les richesses sont aussi spirituelles). Qu'ils le veuillent ou non, les pirates occupent une place, même bizarre, sur les circuits de la production. Lorsqu'il bondit sur un navire de la Hanse, le bateau anglais ne peut éviter d'intervenir dans les mécanismes économiques de son temps : des tisseurs ont préparé ces étoffes, des marchands ont négocié ces pièces de vin, des diamantaires ont taillé ces pierres, des banquiers ont financé le commerce hanséatique. Le pirate a le pouvoir de couper le circuit de la production, d'en désamorcer la noria, il n'y est pourtant pas étranger. Il ne subsiste que grâce à ces réseaux économiques et commerciaux qu'il décompose. Ce qui forme le symbole de ses rapports au temps, à la civilisation ou à l'histoire : une volonté forcenée de s'en séparer et la fatalité d'en dépendre.

L'activité du pirate aboutit alors à un jeu de cache-cache entre lui, paria, et la société. Il lui arrive de réussir sa percée et de crever le mur du temps mais une fois dans l'exil, comment s'accommoder de ce no man's land, entre l'éternité et l'instant ? Il faut bien qu'il réintègre pour un temps plus ou moins durable le siècle qu'il a déserté. Le même bateau qui a emporté sa cargaison de bougres dans l'au-delà radieux des mers tropicales, entre la genèse et l'étoile Absinthe, un ordre du capitaine va le relancer, pour une saison, sur les chemins de son temps. Il opère sa rentrée dans l'histoire, il y accomplit ses ravages, engrange trésors et provisions. Quand il est gorgé des biens de ce monde, vite, il fait voile jusqu'à la fissure inconnaissable par où se faufiler de nouveau hors du temps.

Ces allées et venues de l'histoire à l'en dehors de l'histoire scandent l'épopée du peuple de la mer. Il est toujours en porte à faux des affaires du monde ; il les précède ou il les suit mais il n'est pas à l'heure. Le plus souvent, la piraterie, si elle consent à partager le jeu des hommes, fonctionne comme la résurgence, le retour ou le décalque d'un événement qui s'est déjà produit sur la scène du monde et que le forban s'emploie à reproduire pour son compte personnel – à croire que l'histoire, au moment qu'elle clôt un de ses épisodes, laisse traîner après elle des restes, des miettes, des vestiges, qu'elle ne sait comment employer et qui l'encombrent. Brûler ces détritus du rêve universel, c'est peut-être la mission mystérieuse de ces éboueurs de l'histoire, de ces balayeurs du temps qui relâchent à la Providence ou à Porto Bello. Les empoignades entre les Barbaresques et les chrétiens, les massacres de musulmans par les pirates chrétiens de Malte ne font-ils pas entendre l'écho catastrophique de l'aventure des Croisades, comme les courses des Gueux de La Rochelle contre les papistes répètent à leur manière les ignominies des guerres de religion?

Pour ces raisons, les entreprises pirates, même majestueuses, nous paraissent frappées d'irréalité. Les forbans semblent jouer dans les marges de l'histoire, un peu comme les « petits », dans les jeux des « grands », comptent « pour du beurre ». Certes, leurs pouvoirs sont considérables puisque ce sont ceux de la mort, et la phrase sombre qu'ils prononcent peut altérer la grande phrase solennelle de l'histoire. Elle ne peut l'annuler ou la nier.

Les pirates tendent alors du côté de l'art. Leur tâche est d'élaborer la copie d'un épisode ancien et, comme ils ne sont pas des artistes académiques, cette copie peut nous paraître faible, maladroite et fourbue. Don Quichotte recommence de la même sorte l'épopée morte des romans de chevalerie : les palais d'Amadis de Gaule deviennent les auberges empoussiérées de la Manche et les belles dames à hennin ressuscitent dans les souillons que le délire du Quichotte illumine de leurs anciens feux. Mouvement d'autant plus trouble du reste que les figures d'Amadis représentent déjà, elles-mêmes, le reflet déchu des figures matricielles — celles de cette Odyssée où toute l'imagination du monde était repliée dans l'attente que la succession des temps en déployât les énigmes, comme la pluie les roses des sables. La piraterie, dans l'histoire, accomplit une fonction voisine, elle assure la redite dégradée des prouesses du passé. Cette étrange vocation confirme l'attachement du pirate au temps cyclique et révocable de l'éternel retour, non au temps linéaire de l'irrémédiable et de l'unique. Et nous suggère que chaque phrase de l'histoire, au lieu de se dissoudre quand elle a été dite, est assortie d'une trouble survie, se prolonge dans des registres parallèles, se répercute inlassablement, en épuisant ses énergies, dans les figures circulaires du temps.

> Et sur la poupe, penché sur le flot, esclave
> tristement hilare, je regarde l'orgueilleux et
> inutile sillon. Qui, ne m'éloignant de nulle
> part, ne m'emporte vers nul naufrage.
>
> SAMUEL BECKETT

L'Océan forme le territoire du pirate, dont la demeure est le navire. Or, si l'océan se définit comme liberté, nature, antisociété, ouverture et espace, le navire est affecté de significations précisément contraires : il est clôture, nécessité, société, culture et enfermement. Le forban est alors écartelé entre une mer qu'il utilise pour abolir toute société et un vaisseau qui engendre une « sur-société ».

« *Le bateau peut être symbole du départ*, dit Roland Barthes à propos du *Nautilus* de Jules Verne; *il est, plus profondément, le chiffre de la clôture. Le goût du navire est toujours joie de s'enfermer parfaitement, de tenir sous sa main le plus grand nombre possible d'objets, de disposer d'un espace absolument fini : aimer les navires, c'est d'abord aimer une maison superlative, parce que close sans rémission, et nullement les grands départs vagues : le navire est un fait d'habitat avant d'être un moyen de transport. Or, tous les bateaux de Jules Verne sont bien des "coins du feu" parfaits et l'énormité de*

173

leurs périples ajoute encore au bonheur de leur clôture,
à la perfection de leur humanité intérieure. Le Nautilus
est à cet égard la caverne adorable : la jouissance de
l'enfermement atteint son paroxysme lorsque, du sein de
cette intériorité sans fissure, il est possible de voir par
une grande vitre le vague extérieur des eaux, et de définir
ainsi dans un même geste l'intérieur par son contraire.
La plupart des bateaux de légende ou de fiction sont à
cet égard, comme le Nautilus, *thème d'un enfermement*
chéri, car il suffit de donner le navire comme habitat de
l'homme pour que l'homme y organise aussitôt la jouis-
sance d'un univers rond et lisse, dont d'ailleurs toute
morale nautique fait de lui à la fois le dieu, le maître et
le propriétaire (seul maître à bord, etc.). »

Ce texte est parfait. Il s'accorde merveilleusement à
la vérité du bateau pirate. Celui-ci, pour des raisons
que nous avons dites, est plus proche du *Nautilus* que
du marchand. Le navire qui transporte du grain d'un
port à l'autre est toujours entre un départ et une arrivée. Il est passage avant d'être demeure. Le *Nautilus*,
à cause de « l'énormité de ses périples », le bateau pirate,
à cause de son absence de but sur la terre (puisque ces
buts circulent sur la mer) sont des demeures – des
maisons, des protections, des resserres, des intérieurs
avant d'être des transports.

Ce qui referme un nouveau piège sur le pirate. Le
même homme qui court à l'océan pour s'exiler de la
société, le voici forcé de reconstituer sur son bateau –
c'est-à-dire sur l'outil même de son exil – une autre
société. Et ce microcosme social qu'est le bateau est
ligoté – à cause de sa petite dimension et des périls
qui l'assaillent – de plus de ligaments que ne le sont
les sociétés de terre ferme.

Miniature de la société, le vaisseau est administré avec une minutie ombrageuse. Les réprouvés ne confient rien au hasard. Nous avons évoqué le règlement des navires chinois de Mme Ching, encore pouvait-on penser : « C'est une manie de dame et chinoise de surcroît. » Mais la même inspiration ravageuse et tatillonne régente les nihilistes débraillés des Antilles. En témoigne cet extrait du règlement édicté par John Philips, capitaine du *Revenge* dont la spécialité peu reluisante est de s'en prendre aux pêcheurs de Terre-Neuve :

« Tout homme devra obéir aux ordres courtois; le capitaine aura une part et demie de toutes les prises; le patron, le charpentier, le maître d'équipage et le canonnier une part et quart.

« Tout homme qui offrira de déserter ou de tenir quoi que ce soit caché à la confrérie sera abandonné à terre avec une bouteille de poudre, une bouteille d'eau, une petite arme et des munitions.

« Tout homme qui volera quoi que ce soit à la confrérie ou qui jouera pour une valeur d'au moins une piastre sera abandonné à terre ou fusillé.

« A quelque moment que nous rencontrions un autre pirate, l'homme qui signerait ces articles sans le consentement de notre confrérie subira la punition que le capitaine et la confrérie jugeront convenable.

« Tout homme qui en frappera un autre tant que les présents articles sont en vigueur se verra appliquer la loi de Moïse (c'est-à-dire quarante coups moins un) sur le dos nu.

« Tout homme qui brisera ses armes, ou qui fumera du tabac dans la cale sans avoir mis une garde à sa pipe ou qui portera une chandelle allumée en dehors d'une lanterne sera soumis au traitement prévu dans l'article précédent.

« Tout homme qui ne tiendra pas ses armes en état prêtes à servir, ou qui négligera son poste, sera privé de sa part et subira toute autre punition que le capitaine et la confrérie jugeront convenable.

« Tout homme qui perdra une articulation dans les engagements recevra quatre cents piastres. Si c'est un membre, huit cents.

« Si à un moment quelconque vous vous trouvez en présence d'une honnête femme, tout homme qui voudra la contraindre sera immédiatement mis à mort. »

On voit qu'à bord du *Revenge,* on ne badinait ni avec la délicatesse des sentiments, ni avec la morale domestique. Le *Revenge* n'a rien d'exceptionnel. Les boucaniers et les flibustiers, si frustes cependant, ont spontanément inventé la notion de *contrat social.* Le règlement était renouvelé chaque fois qu'on organisait une expédition. On se réunissait pour mettre au point une « charte-partie » – que l'humour boucanier déformait en « chasse-partie » – régissant les activités de cette société provisoire pour le temps de la course. L'autorité du chef n'y est jamais discrétionnaire ni absolue. Elle est tempérée de contrepoids et d'équilibres subtils, à la Montesquieu, et bornée à certains domaines hors desquels elle cesse de s'exercer. Le capitaine est désigné démocratiquement par l'assemblée générale des matelots et son pouvoir peut lui être retiré par ceux-là qui le lui ont délégué. Cette société représentative et cogestionnaire l'emporte en vertu sur les sociétés tyranniques que composaient, dans ces époques, les navires du roi et la plupart des États civilisés. Du fond de leur désolation, les flibustiers nous tendent un modèle de communauté que les civilisations évoluées ont souvent échoué à concevoir.

Exmelin en a décrit les mécanismes. Dès que la compagnie est à bord, on se réunit pour discuter du lieu où l'on ira « faire des vivres ». Cela signifie que l'on cherche une grande étable – si possible de porcs – à piller. On détermine la tactique à suivre et la future répartition des prises. L'improvisation est nulle. Un tabellion sommeille en chaque boucanier. Après le combat, on remonte à bord et on procède au partage. Tout se fait au grand jour, parfois au pied du mât en présence de l'équipage. *«Le cambusier*, dit Exmelin, *ne donne pas au capitaine une ration de viande ou d'autre denrée supérieure à celle du moindre matelot. »* Les flibustiers – comme beaucoup de pirates – disposent d'un système d'assurances dont les tarifs sont déterminés pour chaque type de blessure. Philip Gosse a prouvé que ce système préfigure nos assurances modernes. Et voici la conclusion d'Exmelin :

« Ils observent entre eux l'ordre le plus parfait. Car sur les prises qu'ils font, il est sévèrement interdit à quiconque de prendre quoi que ce soit pour lui-même. Tout ce qu'ils prennent est divisé également comme nous venons de le dire. Bien plus, ils prennent les uns vis-à-vis des autres l'engagement général sous serment de ne détourner ni cacher la moindre chose qu'ils ont trouvée dans leur butin. Si plus tard l'un d'eux se parjure, dès qu'il est découvert, il est immédiatement mis en quarantaine et expulsé de la société. Ils sont entre eux très courtois et très charitables. C'est au point que si l'un a besoin d'une chose qu'un autre possède, il la lui donne avec générosité. »

Il serait fastidieux de poursuivre cet inventaire des règlements. Ceux-ci sont exemplaires et ils n'appellent que deux brèves remarques. La première est que le souci d'ordre, de fraternité et de morale est éclatant. Les boucaniers s'inclinent devant quelques grands principes qui sont ceux des sociétés régulières. Sans doute ces principes ne sont-ils respectés qu'au sein de cette société microcosmique qu'est le navire. Hors du navire, les règles s'inversent. La morale s'évapore, le meurtre devient licite, la cruauté tolérée et la duplicité vertu. Est-ce pourtant un trait original? Toutes les morales subissent de radicales métamorphoses selon qu'elles s'appliquent aux membres de la secte – famille, État, religion, etc. – ou bien aux étrangers, aux barbares. Même chez les peuples raffinés de l'Occident, on n'en finirait plus de dénombrer les avatars que chaque valeur morale engendre selon le territoire où elle s'applique : Le « tu ne tueras point » peut devenir « tu tueras » si l'on a affaire à des incroyants, des hérétiques, des colonisés, des sorciers, des juifs, des noirs, des jaunes, des étrangers, des miséreux, des païens ou des esclaves. Les boucaniers n'innovent pas. Mais, comme ils sont candides, ils ne savent guère camoufler leurs mauvaises manières.

La seconde remarque constate que les règlements pirates amalgament, au point de les confondre, les fautes que l'on commet contre la décence ou la fraternité et celles qui mettent en péril la sécurité du navire. Le péché peut naître indifféremment d'un manque de loyauté pour ses pairs ou de la distraction d'un fumeur de pipe. Les sanctions sont de même nature et la réprobation égale.

Cette confusion mérite un grain de réflexion. Les

pirates sont des hommes plus exposés que nous. Leur vie n'est pas douillette. Les dangers qu'ils affrontent visent aussi bien leurs corps que leurs âmes : que l'incendie prenne dans la cale ou que des querelles anéantissent la communauté, les effets seront identiques : le salut de l'équipage sera compromis. Il est donc bien légitime que les forbans ne perçoivent aucune différence entre les mesures qui interdisent de voler son voisin durant le partage des prises et celles qui empêcheront le feu d'embraser la cale. Dans les existences vraiment risquées, la morale de l'intention se vide de tous ses pouvoirs et de ses significations. Elle est relayée par une morale du fait qui n'est qu'une condition de la survie. On peut s'interroger sur ces remarques. Elles jettent d'obliques lumières sur ce que nous appelons la morale.

Une autre conséquence est que les aventuriers sont des marins du premier mérite. Parce que le péril est grand, ils sont des « pros », non des amateurs. Leur compétence fait l'admiration des témoins. Le bateau pirate, sous des apparences de désordre extrême et de frivolité, est esclave d'un ordre de fer. Dès la première alerte, la confusion crasseuse qui règne sur le pont disparaîtra et les marins réprouvés exécuteront de brillantes manœuvres. Chacun retrouvera son poste, les tromblons bondiront dans les mains, les balles partiront. Cette haute qualification professionnelle est l'une des fiertés de la corporation. Excellents techniciens, les pirates font preuve en outre d'une belle imagination dans le combat. Leurs ruses de guerre sont superbes. Dans leur art, ils sont souverains.

C'est la raison de leurs succès. Il faut ajouter qu'ils s'attaquent à des proies vulnérables. Les navires convenables sont fréquemment des navires mal manœuvrés. Les marins y travaillent dans la peur et le mépris. Leur recrutement déjà est détestable, on les enrôle à bon marché parmi la pègre de l'Occident et on leur inflige ensuite des traitements inhumains qui ne les forment, ne les éveillent ni ne les exaltent. Ce sont de tristes armadas qui croisent à la dérive, sur les océans. Voici en quels termes Philip Gosse, reprenant la chronique de Levet, décrit l'état de la flotte anglaise en route vers les côtes d'Espagne, sous le règne de Charles Ier :

« *Lorsque eut échoué la vaine attaque sur Cadix en 1625, des enquêtes montrèrent que les navires et leur gréement tombaient en morceaux. Les officiers ne savaient pas naviguer et se montraient incapables de maintenir la discipline parmi leurs équipages qui se composaient de l'écume des ports, mal nourris, mal vêtus et minés par la maladie... Il arrivait qu'un navire en chassât un autre, le prenant pour un ennemi malgré la grande différence de construction entre les navires anglais et les navires espagnols, différence qui n'aurait pu échapper à l'œil d'un marin exercé. Le comble fut que pendant la traversée deux navires de la flotte pensant – et avec raison comme le prouva l'événement – qu'ils pourraient trouver mieux à faire ailleurs, désertèrent et se firent pirates.* »

Ces navires désastreux ne pesaient pas bien lourd sous le regard d'aigle des grands forbans. La morale, pour une fois, est sauve : c'est bien le meilleur, le plus consciencieux, le plus compétent, le plus généreux et le plus téméraire – c'est-à-dire le pirate – qui l'emporte. Les États finissent par entendre la leçon. Les grands forbans ont poussé l'Angleterre du XVIIe siècle à réformer sa marine. Grâce aux pirates, la ridicule escadre qui opère devant Cadix en 1625 donne naissance dix ans plus tard à cette robuste flotte qu'Olivier Cromwell a su forger et qui s'illustre dans la guerre avec la Hollande. Les pirates ont instruit les hommes d'État anglais. Ceux-ci ont compris que si l'on désire un service de qualité, il faut fournir des outils adaptés et traiter de manière humaine le personnel que l'on emploie.

Tout cela n'est pas vrai sans distinction et ce tableau doit être assorti de nuances et d'ombres. Il arrive que les navires du roi sont bien manœuvrés quand ceux des forbans se débandent. Au long de la chronique se profilent quelques bateaux pirates assez effrayants, noirs, délabrés, couverts de vin bleu et de vomissures, de rouilles et de détritus, et maniés par des cervelles démentes. Pourtant, ces bateaux affolés sont rares, ou bien ils appartiennent aux périodes de décadence. Et il est éloquent que la décadence de l'ordre pirate s'accélère dans le temps où le forban délaisse la mer pour la terre, au contraire d'Antée. Le déclin des boucaniers est spectaculaire. De moins en moins marins, ces brutes oublient leurs vertus et leurs énergies. On assiste au pourrissement de cette société de hors-la-loi. Là-bas, sous les tropiques, se décompose une sorte de Byzance rustique, sanglante, animale et ténébreuse.

De sorte que la chute et l'effacement de la société pirate nous renvoient à ce phénomène singulier que constitue le bateau : pour qu'elle fonctionne sans malheur, cette société des limbes a besoin d'être soutenue par la forme ronde, fermée et rigide du navire. Misson avait entouré sa république du *Libertalia* d'une barrière. Le bastingage du bateau forme aussi une enceinte symbolique et peut-être sacrée. Il permet que fonctionne une petite communauté marginale, deux fois protégée – par l'infini de la mer et par la clôture du bateau – des germes de la décomposition. On songe à cet empereur de Chine, Chi-Hoang-ti, qui enferma son royaume derrière la Grande Muraille. Son intention était de faire échec aux envahisseurs mais quels envahisseurs? *« Peut-être, dit Borges, l'empereur et ses mages crurent-ils que l'immortalité nous est intrinsèque et que la corruption ne peut entrer dans un monde fermé? »*

> Tous sont obligés de paraître devant Dieu
> sauf le sourd, l'idiot, l'enfant, l'homme aux
> organes bouchés, l'androgyne et la femme.
>
> LA BIBLE

Que le bateau pirate joue le rôle d'un lieu clos, chargé de faire échec aux miasmes du monde, un autre signe en vient témoigner : ce bateau expulse les femmes comme on se débarrasse d'une souillure ou de sa promesse.

Sans doute il advient que des femmes partagent l'aventure mais elles sont rares et ne représentent guère leur sexe : les unes – Anne Bonney ou Mary Read – se camouflent en hommes, dissimulent leur féminité sous les oripeaux de marins. Les autres comme la dame Clisson ou Mme Ching – veuves l'une et l'autre – s'avouent pour des femmes mais se conduisent en hommes. Elles assurent le gouvernement d'un navire ou d'une escadre et leur sexe est aboli. Dans les deux cas, le motif est le même : sous leur propre vêtement ou sous un travesti, ces dames tentent d'échapper à leur servitude, comme leurs compagnons effectuent une percée hors de leur condition historique. On ne saurait les considérer pour des femmes même si le génie de leur sexe, parfois, sourd dans leurs cruautés. Elles voyagent dans la piraterie comme des sortes de passagers clandestins.

En revanche, les femmes, celles que les hommes aiment et qu'ils caressent, celles qui ont des enfants et dont la chair est douce, nous n'en trouvons point sur ces navires. Pire : on s'en méfie comme d'une lèpre. Les règlements pirates leur réservent un paragraphe et c'est pour les interdire de séjour. Le flibustier « fleur bleue » qui forniquerait dans les soutes serait jeté dans d'affreux supplices ou dans la mort.

On conçoit la raison de ces usages. Dans une pareille société, la femme est désordre, perturbation. De tous les poisons dont le pirate a prétendu s'isoler en prenant la mer, la femme est le plus délétère, le plus meurtrier. Qu'elle franchisse l'enceinte sacrée du navire et la puissante *odor di femina* ne tardera pas à pervertir l'ordre, saugrenu certes, mais pur et glacé qui règne dans le sanctuaire de la sédition. L'impureté essentielle de la chair féminine troublera de sa buée le cristal noir de la secte. Les cœurs s'amolliront. La nostalgie du foyer, de la famille et des réconciliations fera plier les énergies. La zizanie ravagera les équipages, la fraternité virile se lézardera. Bien sûr, on ne peut éliminer, dans ces hommes jeunes et violents, les délires du désir mais ils seront soumis à la loi : Mme Ching donne la mort aux marins qui utiliseraient des femmes, à moins que l'opération ne s'accomplisse en conformité avec le règlement, dans la cale, sous le regard froid d'un gardien.

Cette horreur des femmes n'est ressentie qu'à l'intérieur du navire. A quai, pas trace de puritanisme ou de continence. C'est que la terre est déjà contaminée, elle est profane, non sacrée. Les capitaines prennent le soin de ménager des escales, de façon que leurs équipages puissent se gorger de la chair des filles, dans les ports parias d'Irlande, du Mexique, de Panama... Pureté à bord et débauche à terre, l'inversion de signes déjà observée chaque fois que le pirate passe de l'océan à la terre se vérifie : ce qui était péché, scandale ou péril à bord devient devoir et norme sur le continent.

Un tel système est trop curieux pour relever de la seule rationalité. Si nous n'avions pas promis d'éviter les facilités de la psychanalyse, nous pourrions remarquer que la *mer* et la *mère*, dans la rêverie, forment la même figure. Et, parce qu'elle est chaude et langoureuse, féconde et comme laiteuse, la mer des tropiques est, de toutes mers, la plus chargée en essences maternelles. Ce qui peut jeter quelques lueurs sur la prohibition des femmes à bord.

Cette idée se renforce de sa voisine : la nostalgie de la mère se complète du refus opposé à toutes les images du *père* : société et gendarmes, logique et cité, travail, histoire et patrie, autorité et chantier, tous les avatars du père sont résolument bannis par le pirate. Cette bizarrerie nous renvoie aux mentalités anarchistes. « *L'anarchiste*, dit Jünger, *ne connaît ni tradition, ni cloisonnement. Il ne veut pas être requis ni asservi par ses organismes. On ne peut l'imaginer ni comme citoyen, ni comme membre d'une nation. Les grandes institutions, monarchies, Églises, États lui sont étrangers et lui semblent détestables. Il n'est ni soldat ni travailleur. S'il est logique avec lui-même, il faut qu'il rejette aussi et avant tout le père.* »

Et comme il est extrême, le pirate ne se limite pas à déchirer les emblèmes du père. Il refuse d'être père lui-même. Il n'engendre pas de petits pirates ou de petites flibustières. Sauf chez les Barbaresques – mais étaient-ils encore des réprouvés ou bien n'avaient-ils pas chu, par leur triomphe même, du côté de la société ? – le piratariat n'est pas héréditaire. Cette anomalie éclaire d'un jour nouveau l'absence de femmes ou plutôt l'usage détourné que le pirate fait de la femme et qui l'ampute de sa fonction de mère – comme si toutes les vertus de la mère étaient dévolues à la seule mer. Si par infortune un aventurier engrosse une fille, ce sera dans la taverne d'une escale, il ne le saura même pas; à ses propres yeux, il demeurera sans descendance et le dernier de sa lignée.

Jean-Jacques Rousseau avait déjà noté ce phénomène chez les boucaniers des Antilles mais il l'associait à la condition de chasseur plutôt qu'à celle de forban : « *Le métier de chasseur*, dit-il dans le *Discours sur l'origine des langues*, *n'est point favorable à la population. Cette observation qu'on a faite quand les îles de Saint-Domingue et de la Tortue étaient habitées par des boucaniers se confirme par l'état de l'Amérique septentrionale. On ne voit point que les pères d'aucune nation nombreuse aient été chasseurs par état; ils ont tous été agriculteurs et bergers.* »

Le diagnostic de Rousseau n'a rien perdu de son énergie. Il s'adapte à la condition du pirate si l'on accepte que le statut de chasseur, chez l'aventurier, n'est pas accidentel mais bien essentiel. Le pirate appartient à des formations archaïques, à la préhistoire. Il a refusé de franchir la ligne que les autres hommes ont franchie, dans cette nuit perdue de néolithique où ils ont jeté leurs outils de chasse pour se convertir à l'agriculture ou à l'élevage.

Cette absence de postérité alourdit la malédiction dont le pirate se reconnaît le porteur. Non seulement il se place en exil de la société, il se situe mais encore en marge dans la séquence des générations : refuser sa propre postérité est le signe d'un cœur désespéré et l'expression d'un vœu secret de mort : « *La soumission à l'ordre de l'homme sans enfants, dit Malraux, est la plus profonde des soumissions à la mort.* » Et Cioran : « *Celui qui, ayant usé ses appétits, s'approche d'une forme limite de détachement, ne veut plus se perpétuer; il déteste se survivre dans un autre auquel d'ailleurs il n'aurait rien à transmettre; l'espèce l'effraye; c'est un monstre – et les monstres n'engendrent plus... L'enfant lui paraît inconcevable ainsi que la famille, l'hérédité, les lois de la nature. Sans profession ni progéniture, il accomplit – dernière hypostase – sa propre conclusion.* »

Pas de femmes, une postérité de néant, ces deux traits se combinent avec une autre propriété des gens de mer, leur jeunesse. Le pirate ne vieillit pas. Comme il est sans enfance, il est sans grand âge. A s'engager sur les routes du monde, il sait qu'il s'engage à mourir vite. La corde de la potence désigne son havre essentiel, celui qu'il cherche, dans l'épouvante et la fureur, le long de ses chemins d'atolls et d'algues. Les corsaires, eux, vivent vieux, honorés et dotés de riches postérités. Jean Bart, Duguay-Trouin sont des patriarches. On ne connaît pas de pirates chenus, sauf chez les apostats. Parmi les pirates consciencieux, la carrière active la plus longue est celle de North qui dure douze années – dont six à terre dans l'île de Madagascar.

Cette suprématie de la jeunesse n'est pas rare dans les sociétés révoltées – non seulement anarchistes mais même révolutionnaires : « *La doctrine anarchique, dit*

Jünger, *cherche ses allégories dans la jeunesse de l'individu. Et c'est pourquoi les traits d'enfance nous frappent si souvent chez ses principaux représentants.* » Et Malraux, à propos de la Révolution française : « *On n'y a plus d'ancêtres, on y a peu de parents. On n'y vieillit pas. Lorsque Saint-Just voit Hoche pour la dernière fois, ils ont vingt-six ans l'un et l'autre. Danton meurt à trente-cinq ans, Robespierre à trente-six... Pas de famille; un destin qui se fait de main d'hommes; et, au temps du plus grand pouvoir de Saint-Just, pas de femmes.* »

Tous ces signes sont cohérents les uns avec les autres. Le pirate déteste autant la naissance que le déclin, c'est-à-dire tout ce qui change. Il a fait choix des champs qui s'étendent avant la vie ou après la mort – du côté de l'immuable, du néant ou de l'éternité. Or, de l'immobilité, nulle période ne propose de figures plus convaincantes que la jeunesse. Là, dans le milieu de l'âge, après les métamorphoses de l'adolescence, s'offrent quelques années, également lointaines de ces deux changements radicaux que sont la naissance et le trépas. Le temps fait mine de s'interrompre ou de ralentir sa course, on peut ignorer qu'il avance. L'élection de la jeunesse, si on l'associe au refus de la descendance et à l'horreur des femmes, suggère alors une configuration qui n'est pas très usuelle. Les trois attitudes commandent le même désir : celui de bondir tout de suite dans l'au-delà du temps, jusqu'au territoire catastrophique et radieux où s'abolira, avec tout amour et toute postérité, la fuite même des instants.

> La description du vêtement (qui est le si-
> gnifiant du code vestimentaire) peut être le
> lieu d'une connotation rhétorique.
>
> ROLAND BARTHES

Les films américains, certaines bandes dessinées nous
ont enseigné que les pirates sont des individus à qui
manque une jambe ou un œil et dont les caleçons sont
assez crasseux. Cette description est convenable aux
boucaniers : leurs compagnies forment dans les forêts
d'Hispaniola des cortèges de l'épouvante.

A leur manière, ils s'habillent en « dandies », même
si leur élégance est celle du crépuscule ou de l'agonie.
Leur débâcle vestimentaire, l'horreur de leurs figures
signalent moins un laisser-aller que l'intention d'apparier leur visage à la déroute de leur destin. Toute la
piraterie procède ainsi : ces désespérés accordent une
attention surprenante à leurs vêtements. Le soin que
les grands de la corporation consentent à leur tenue
mérite une halte.

Bartholomew Roberts, qui ne buvait que du thé et
donnait repos à ses musiciens le septième jour, était
un homme grand, brun et de figure avenante : il portait
une jaquette et une culotte de riche damas, un chapeau

orné d'une plume rouge, une chaîne d'or à son cou, et une grande croix de diamant. Les deux pistolets dont il ne se séparait pas étaient assurés par un baudrier de soie.

En 1729, un Anglais, Robert Drury, fait naufrage sur les côtes de Madagascar, il trouve des établissements pirates, entre autres celui d'un Hollandais nommé John Pro. Ce Pro ne portait ni bas ni souliers mais sa veste courte était ornée de boutons d'argent et de toutes sortes de joyaux. Quant à de Soto, qui rançonnait les côtes d'Afrique au début du XIXe siècle, *« il dépensait,* dit un chroniqueur, *beaucoup d'argent à sa toilette. D'ordinaire, il portait un chapeau blanc du meilleur goût anglais, des bas de soie, une culotte blanche et un habit bleu. Ses moustaches étaient fournies et touffues et ses cheveux, qu'il avait très noirs, abondants, longs et naturellement bouclés, lui donnaient assez l'air d'un prédicateur londonien aux tendances prophétiques et quelque peu poétiques. Il était tanné par le soleil et il avait un air, ainsi qu'un port, expressif de son esprit fier, entreprenant et prêt à tout ».*

Au XVIe siècle, Coia Acem qui opère dans les mers du Japon nous est décrit en ces termes : *« Il portait une cotte de mailles doublée de satin cramoisi et bordée d'une frange d'or. »* Et l'un des derniers pirates blancs de l'histoire, l'Américain Eli Boggs, qui travaille en Chine vers 1850, évoque l'image d'un minet parisien plus que celle d'un sauvage hirsute : *« Il était presque impossible,* dit le correspondant du *Times, de croire que ce joli garçon aux cheveux soigneusement peignés, au visage féminin, au sourire charmant et aux mains délicates pût être le pirate dont le nom avait été associé*

pendant trois ans aux plus audacieux et aux plus san-
guinaires actes de piraterie. »

Plus curieux encore est le costume de l'horrible Edward Teach, dit Black Beard (début du XVIIIᵉ siècle). Il portait une barbe sombre qui lui montait jusqu'aux yeux et lui recouvrait même la poitrine. Et cette barbe était finement travaillée. Il l'organisait en petites tresses qu'il accrochait autour de ses oreilles mais c'est au combat que son dandysme s'exaspérait. Là, il se harnachait d'une écharpe qu'il passait sur ses épaules et qui contenait trois paires de pistolets. A son chapeau, il fixait deux mèches allumées qui flottaient autour de son visage. On comprend que pour les témoins « *on ne saurait se former l'idée d'une furie des enfers plus terrible que sa figure* ».

On pourrait fournir d'autres exemples mais ce catalogue de modes pour les ténèbres aboutirait à l'ennui. Et toutes ces figures, qui ajoutent à leur singularité l'extravagance de leur costume, nous proposeraient des leçons identiques. On en disserterait à perte de vue. Nous limiterons nos commentaires à quatre remarques dont une, seulement, nous est personnelle.

Commençons par celle-ci : ce qui frappe, c'est que la mode pirate n'accompagne pas la mode. Elle n'appartient à aucun siècle et à aucun continent. Décidément disparate, elle puise au hasard dans toutes les modes, joignant ensemble les manières de l'empire romain, celles des ponts de Londres, des salons de la Virginie, des palais de princesse hindoue, des environs de Tortoni ou des clairières de la Gaule. Et n'est-ce pas nier le temps que de revêtir ces habits composites, qui semblent flotter sur la dérive des siècles ?

Baudelaire nous offre un second fil. Qu'il s'impose

de recourir à cet auteur est significatif des paradoxes de la condition pirate. C'est énoncer un lieu commun que de le dire : Baudelaire se présente comme un anti-pirate. « *L'eau en liberté m'est insupportable*, dit-il, *je la veux prisonnière et au carcan, dans les murs géométriques d'un quai.* » On voit que l'eau baudelairienne est à l'opposé de l'eau pirate. Il n'empêche : ce que le poète dit du dandysme s'applique parfaitement au costume des forbans.

« *Le dandysme est une institution vague, aussi bizarre que le duel : très ancienne, puisque César, Catilina, Alcibiade nous en fournissent des types éclatants; très générale, puisque Chateaubriand l'a trouvée dans les forêts et au bord des lacs du Nouveau Monde. Le dandysme, qui est une institution en dehors des lois, a des lois rigoureuses auxquelles sont strictement soumis tous ses sujets, quelles que soient d'ailleurs la fougue et l'indépendance de leur caractère.* » Quelle rencontre : cet « *homme en dehors des lois et qui s'impose à lui-même des lois plus rigoureuses* », n'est-il pas le décalque de nos aventuriers écartelés entre destin et liberté? Mais Baudelaire va plus loin, il établit le dandysme à son vrai niveau, qui est religieux : « *La règle monastique la plus rigoureuse, l'ordre irrésistible du Vieux de la Montagne, qui commandait le suicide à ses disciples enivrés, n'étaient pas plus despotiques ni plus obéis que cette doctrine de l'élégance et de l'originalité, qui impose, elle aussi, à ses ambitieux et nobles sectaires, hommes souvent pleins de fougue, de passion, de courage, d'énergie contenue, la terrible formule :* Perinde ac cadaver. » Et ce fragment encore, où brille l'or de la vérité pirate : Tous ces hommes « *sont issus d'une même origine, tous participent du même caractère d'opposition et de révolte;*

tous sont des représentants de ce qu'il y a de meilleur dans l'orgueil humain, de ce besoin, trop rare chez ceux d'aujourd'hui, de combattre et de détruire la trivialité... Le dandysme est le dernier éclat d'héroïsme dans les décadences ».

Le deuxième commentaire sera emprunté à Cioran. Son intérêt est qu'il situe le dandysme dans la mouvance de la mort et de l'horreur de cette mort, deux figures fondamentales du blason pirate.

« L'habit s'interpose entre nous et le néant. Regardez votre corps dans un miroir : vous comprendrez que vous êtes mortel; promenez vos doigts sur vos côtes comme sur une mandoline, et vous verrez combien vous êtes près du tombeau. C'est parce que nous sommes vêtus que nous nous flattons d'immortalité : comment peut-on mourir quand on porte une cravate ? Le cadavre qui s'accoutre se méconnaît, et, imaginant l'éternité, s'en approprie l'illusion. La chair couvre le squelette, l'habit couvre la chair : subterfuges de la nature et de l'homme, duperies instinctives et conventionnelles : un monsieur ne saurait être pétri de boue ni de poussière... Dignité, honorabilité, décence – autant de fuites devant l'irrémédiable. Et quand vous mettez un chapeau, qui dirait que vous avez séjourné dans des entrailles ou que les vers se gorgeront de votre graisse ? »

Le dernier commentaire est inspiré d'une conversation que j'avais eue avec Kojève, sur un tout autre thème, quelques jours avant qu'il ne meure. On connaît Kojève. Cet écrivain rare fut probablement le seul philosophe français de sa génération. Né en Russie au début du siècle, instruit à Berlin dans les années vingt, il arrive à Paris en 1930, tient un séminaire sur Hegel, révèle à la France ce philosophe.

Donc, Kojève. Il me reçoit pour une interview à la fin d'avril 1968. Il parle de Hegel, le dernier philosophe, c'est-à-dire le philosophe qui a compris que l'histoire s'achève avec Napoléon, le soir de la bataille d'Iéna, en 1806. Et Kojève médite sur la « fin de l'histoire ».

« Qu'est-ce que c'est, l'histoire ? Une phrase qui reflète la réalité mais que personne n'avait dite auparavant. C'est en ce sens qu'on parle de la "fin de l'histoire". Il se produit toujours des événements mais depuis Hegel et Napoléon, on n'a plus rien dit, on ne peut plus rien dire de nouveau. Quelque chose a pris naissance en Grèce et le dernier mot a été dit. »

Jusqu'ici, nous naviguons assez loin des pirates, mais voici qu'une autre phrase les fait surgir, avec le dandysme.

« Trois hommes ont compris cette fin de l'histoire : Hegel, Sade et Brummel — oui, oui, Brummel a su qu'après Napoléon, on ne pouvait plus être soldat. » Et voici Kojève occupé des relations entre le dandysme et l'histoire : *« Ce qu'il sera de l'avenir, comment l'imaginer ? Mais considérez le Japon : voilà un pays qui s'est délibérément protégé de l'histoire pendant trois siècles, il a mis une barrière entre l'histoire et lui. Si bien qu'il laisse prévoir notre propre avenir. Et c'est vrai que le Japon est un pays étonnant. Un exemple : le snobisme, par sa nature, est l'apanage d'une petite minorité. Or, ce que nous enseigne le Japon, c'est que l'on peut démocratiser le snobisme. Le Japon, c'est quatre-vingts millions de snobs. Auprès du peuple japonais, la haute société anglaise est un ramassis de marins ivres.*

Pourquoi ceci, à propos de la fin de l'histoire ? Parce que le snobisme est la négativité gratuite. Dans le monde de l'histoire, l'histoire se charge de produire elle-même la négativité qui est essentielle à l'humain. Si l'histoire ne parle plus, alors, on fabrique soi-même sa négativité. Et n'oubliez pas que ça va très loin, le snobisme. On meurt par snobisme... »

> Sacrifiez au fourneau et vous pourriez faire
> venir des êtres (transcendants); lorsque vous
> aurez fait venir ces êtres, la poudre de cinabre
> pourra être transmuée en or jaune; quand
> l'or jaune aura été produit, vous en pourrez
> faire des ustensiles pour boire et manger. Alors
> votre longévité sera prolongée. Lorsque votre
> longévité sera prolongée, vous pourrez voir
> les bienheureux de l'île P'ong-Lai qui est au
> milieu des mers. Quand vous les aurez vus,
> et que vous aurez fait les sacrifices *fong* et
> *chan*, alors vous ne mourrez pas.
>
> SSEU-MA-TS'IEN

Le malheur des navires espagnols est qu'ils soient manœuvrés par des matelots très catholiques quand les fripouilles des Antilles sont des protestants anglais et français. Mais ce malheur en dissimule un autre, plus pernicieux et peut-être plus fondamental : les Espagnols, en ces époques, s'occupent à vider de ses richesses l'Amérique du Sud. Leurs galères sont bourrées d'épices et d'étoffes rares, d'émeraudes, de saphirs et d'argent. Comment n'eussent-elles pas appelé la foudre pirate? Ces étincelantes cargaisons qui voguent sur la mer caraïbe sont promises aux plus téméraires, aux plus sauvages et aux plus forts. Et parmi ces trésors, il en est un dont les sortilèges font défaillir le cœur tendre du flibustier, l'or.

Quoi d'étrange en cela? A travers toute l'aventure des hommes, de Golconde à Midas, des paillettes du Pactole aux frénétiques du Klondike, des « fourmis » d'Hérodote aux chambres sacrées de Babylone, l'or exerce son invincible séduction. Des convoitises semblables emportent les pirates mais ils les colorent de leur violence et de leur avidité de bêtes fauves. L'or espagnol les pousse au délire. A l'imagination des fabuleux bateaux, les crânes de la flibuste flambent comme cent mille millions de soleils – les voici fous.

« Il ne fallut pas longtemps, dit Philip Gosse, *pour que la renommée de Tortuga se répandît dans toutes les Antilles, attirant une ruée d'aventuriers de toutes sortes qui ne pouvaient résister à la tentation des croisières contre les Espagnols avec les chances d'enrichissement rapide que cela comportait. De tels extrêmes dans la fortune ont toujours attiré certaines classes de casse-cou et la situation ressemblait assez à celle que l'on vit en Californie vers 49 ou à la ruée des chercheurs d'or au Klondike en 1897. »*

On comprend l'ivresse des flibustiers. Le vacher de Saintonge peut devenir maharadjah en une nuit. Une prise heureuse effacera dans un instant toutes les infortunes dont il est accablé par sa naissance. Il passera sans coup férir du côté des nantis. Il changera vraiment de peau et de destin. L'or des Caraïbes est d'abord la clef de l'enrichissement.

Et pourtant, un doute nous saisit à considérer l'usage saugrenu que les gens de mer font de l'or. Leur manière d'employer les doublons et les piastres qu'ils ont gagnés au péril de leur vie est insensée. Elle suggère que l'or, dans la rêverie pirate, n'a aucun point commun avec celui de Rockefeller.

Dans la généralité des cas, le forban qui a arraisonné une cargaison d'or l'utilise de deux manières, à la fois contraires et également absurdes. Parfois, il le *dilapide*, il s'en débarrasse à toute allure comme si le métal était le mal ou la vérole, comme s'il lui calcinait les mains et qu'il fallût le rejeter au plus vite. En une nuit d'orgie, il brûle ce trésor dont la capture lui a coûté des mois d'efforts, d'intelligence et de danger. D'autres fois, les pirates *enferment* l'or, l'ensevelissent et reprennent leur course. Dans les deux hypothèses, par conséquent, avec des moyens opposés, le dessein secret est le même : abolir cet or, le supprimer ou l'exclure, soit qu'on le consomme par un excès de la folie, soit qu'on l'expulse du monde en l'enfouissant dans des terres inaccessibles.

Nous voici loin de l'idée que nous autres, civilisations, nous nous faisons du précieux métal. Pour nous, l'or n'est pas *substance* mais *usage*. Nous n'en retenons que les fonctions fiduciaires, et les réserves de Fort-Knox nous fascinent moins que les billets de banque, garantis par ces réserves, dont nous attendons des denrées, des femmes et des propriétés. Les pirates ignorent dédaigneusement ces usages. Pire : ils s'ingénient à les anéantir par la dérision, en mimant d'une manière grotesque les conduites des civilisés : qu'ils enfouissent l'or ou qu'ils le gaspillent, les pirates parodient nos bas de laine ou notre manie de la propriété. Il faut donc bien admettre que leur conduite folle n'est pas insignifiante : en ridiculisant les usages de l'or, ils le ressuscitent dans sa réalité, le rétablissent comme substance, lui restituent son éclat, ses maléfices et ses pouvoirs d'hypnose. Le pirate prend alors rang dans une noble et forte tradition dont les alchimistes, les poètes, les grands découvreurs de continents et les femmes nous parlent mieux que les banquiers. Et qu'il convient d'interroger.

Christophe Colomb qui s'en va sur la mer océane à la recherche de l'or ne se trompe pas sur la nature de ce métal. Il ne part pas aux Indes comme on dévalise une banque. « *Il est fort excellent,* dit-il à propos de l'or. *Celui qui le possède fait tout ce qu'il veut dans ce monde et même peut élever les âmes jusqu'au Paradis.* » L'or de Christophe Colomb n'est pas de ce monde.

Ce que confirment les quatre kilos d'or que Rimbaud charrie dans sa ceinture, au Harrar, et dont le poids lui donne la dysenterie. Cet or rimbaldien, Camus et Etiemble, désespérément clos l'un et l'autre à la poésie en général et à Rimbaud singulièrement, l'interprètent comme le signe de la cupidité. Mais il suffit qu'un poète, parmi les plus hauts de ce temps, l'évoque, pour que les ceintures d'or délivrent leur secret : « *Symbolique-ment,* dit Yves Bonnefoy, [...] *il est vrai que les kilos d'or qu'il aurait portés dans sa ceinture gardent le souvenir du soleil métaphysique autrefois vainement cherché, et font luire, au-delà de tout projet raisonnable un reste d'irrationnel.*

> *Si mon mal se résigne,*
> *Si j'ai jamais quelque or,*
> *Choisirai-je le Nord*
> *Ou le Pays des Vignes ?* »

Du beau texte de Bonnefoy, on retiendra la signifi-cation métaphysique de l'or et qu'il l'associe à une autre figure fondamentale de la rêverie pirate, le *soleil.* Or, ce lien de l'or avec le soleil n'est pas une fantaisie de poète. Il est attesté par l'une des plus vieilles sciences secrètes, l'alchimie, dont le nom dérive selon l'alchi-miste alexandrin Zozime de Panopolis d'un fondateur mythique appelé *Chemès* ou *Chimès* ou *Chymès,* qui est le signe du soleil, ainsi que l'établit René Alleau :

« *Zozime,* écrit-il, *ne pouvait ignorer qu'en hébreu* Chemesch *est le nom du Soleil. Afin de préciser son*

propos, Zozime, dans ses Instructions à Eusébie, *déclare :*
"Le grand Soleil produit l'Œuvre car c'est par le Soleil
que tout s'accomplit. " Cet enseignement fondamental
est confirmé par les derniers mots de la Tabula Sma-
ragdina, La Table d'émeraude, *célèbre "codex " alchi-*
mique attribué à Hermès Trismégiste lui-même :
"Complet (achevé, accompli) est ce que j'ai dit de l'Opé-
ration du Soleil... " On peut restituer au mot alchimie
son premier sens probable. Les anciens savants juifs,
grecs, syriens et arabes ont vraisemblablement donné ce
nom à un savoir sacré, à un ensemble de connaissances
ésotériques et initiatiques, à l'antique "art sacerdotal "
dont l'enseignement était fondé sur les mystères du Soleil,
source de la lumière, de la chaleur et de la vie. »

Nous avons déjà observé que la piraterie fait parfois
entendre l'écho assourdi des grands fracas de l'histoire
du monde. Faut-il étendre le champ de cette remarque
et s'interroger sur les relations singulières que la corporation entretient avec les sciences secrètes ? La manie
d'ensevelir l'or dans le fond de la terre, comme on
préparerait la germination d'un soleil primordial, n'est-
ce pas le reflet rudimentaire et maladroit de la quête
alchimique, comme l'amour fanatique porté à l'or peut
reproduire le mythe de la *Toison d'or* et de la poursuite,
sur la mer, d'un or essentiel ? Dans les deux cas, le
rôle saugrenu assigné à l'or par les forbans nous renvoie à l'un des thèmes cardinaux de leur destin, le
désir du pays d'Éden. Et l'Éden s'appelle l'*âge d'or.*
Entendons l'expression au pied de la lettre : elle nous
invite à imaginer que l'or de l'Éden pirate est un or
philosophal.

> Enrichissez-vous, par le travail et par
> l'épargne.
>
> GUIZOT

Laffite fut l'un des derniers pirates de l'Amérique.
Ce Français, né à Bayonne, à Saint-Malo ou dans le
Bordelais fut corsaire et négrier dans les débuts du
XIXe siècle. Après avoir navigué en Afrique et en Amérique centrale, il se fixe sur la côte sauvage de la
Louisiane que Napoléon vient de céder aux États-Unis.
Dans cette région de marécages où passent des alli-
gators, il impose son règne à tous les mauvais garçons
du coin, contrebandiers, flibustiers sur le retour, pirates
démontés. Lorsqu'il meurt, la légende se répand qu'il
a enterré des barres d'or le long de la côte de la Louisiane. Cet or fera beaucoup rêver.
Deux siècles plus tôt, un autre Français, La Buse,
s'installe sur les côtes malgaches. Comme nombre de
ses compagnons, en ces temps du déclin de la piraterie,
il s'établit à terre, se marie et s'occupe de ses enfants.
Il est perdu pour le métier. En 1724, le gouverneur de
la Réunion prononce une amnistie. La Buse se présente
à la Réunion, on le pend. Il survit sous la forme d'un

grimoire abandonné « à celui qui le trouvera ». Ce document déchaîne les convoitises. On suppose aujourd'hui qu'il a été déchiffré. Au XXe siècle, d'après Deschamps, une des îles Seychelles que le grimoire de La Buse semble désigner reçoit la visite d'inconnus. Les habitants de l'île, un matin, s'aperçoivent qu'un grand trou a été creusé aux abords de la plage. Un brick mouillait la veille dans les eaux de la baie. Il a disparu.

Des histoires de cette sorte sont fréquentes. Toutes ne sont pas véridiques, il s'en faut. La légende, la littérature et le cinéma ont exagéré le nombre de ces grimoires et la valeur des trésors. Mais que le fait soit exact ou imaginaire n'a pas de conséquence sur notre propos. La mentalité pirate s'exprime dans la légende comme dans la réalité. Il ne court aucune frontière entre l'aventure pirate et sa fable, car le mythe est à la fois la conséquence et la cause de la piraterie. Le recrutement du personnel révolté est favorisé par les fables dont sont accompagnés les bateaux. Dans le rêve des jeunes gens, le pirate occupe une place de choix. Les hommes maudits et invisibles qui dérivent sur les océans alimentent le vague à l'âme des terriens. Le livre d'Exmelin, celui de Johnson, les histoires authentiques ou inventées qui circulent de port en port, le surgissement subit des navires parias, les traces abandonnées ici ou là par leur fureur, les potences où se balancent les corps des insoumis, toutes ces images jettent le feu dans le cœur des jeunes gens de l'époque, comme peuvent le faire le Western, la Bolivie ou aujourd'hui la conquête de la Lune.

Et cette légende est *légende dorée*. Les pirates, en s'acharnant à enterrer leurs richesses, bien loin de réduire le rôle de l'or, le surchargent. Curieusement, c'est parce qu'il est escamoté, frappé pour toujours de stérilité et d'inutilité, que l'or pirate devient substance et valeur absolues. Au cœur de l'épopée pirate se creuse une sorte de vide qui dessine le lieu de son mystère. Pour les jeunes citadins, cet usage déraisonnable de l'or établit clairement que le métal des pirates n'est pas celui qu'ils connaissent : il est de nature fabuleuse et les lueurs qui le nimbent ne sont pas les lueurs dont les terriens le parent à l'ordinaire.

A tous ces thèmes, les jeunes gens sont d'autant plus sensibles qu'ils reconnaissent, dans la conduite des pirates, celle de toutes les enfances : le trésor caché, le grimoire qui le signale, le long travail de déchiffrement, la lutte contre les dragons et les maléfices qui le protègent, le ravissement enfin et la déception de la découverte, jalonnent aussi les plaisirs favoris de l'enfance. Il n'est pas question ici de dénoncer l'influence des jeux d'enfant sur le pirate ou celle du pirate sur les jeux, mais de noter que les deux comportements se déroulent au même niveau, dans la même strate archaïque de la conscience. Nous nous sentons d'autant mieux en droit de lire le trésor pirate avec les yeux de l'enfance qu'un écrivain aussi remarquable que Roger Caillois opère selon la voie contraire : il demande au pirate de lui expliquer les jeux de l'enfance.

« *Le mot trésor*, écrit Roger Caillois, *silencieux et éteint pour l'adulte, tient à l'enfant d'éloquents discours et brille à ses yeux du plus lumineux éclat. Ces syllabes que l'âge, l'expérience et la réflexion rendent bientôt presque inutilisables, resplendissent alors à l'égal des richesses qu'ils désignent. Elles étincellent comme les doublons entassés par d'antiques pirates au fond des cavernes sombres, comme les rubis, les émeraudes et* tant de pierres rayonnantes à l'instant où les ramènent au jour les mains terreuses qu'elles emplissent de feux...

C'est peu de dire, poursuit Caillois, *que les enfants croient au trésor. Ils en possèdent... Sans qu'ils s'en rendent bien compte, les soins et les goûts des flibustiers ne sont qu'un écho démesuré des leurs. Comment savoir, à vrai dire, si l'enfant se conduit comme il fait à l'imitation des fictions qu'il dévore ou si, au contraire, ces légendes illustrent dans un mode romanesque des convictions naturelles à une conscience qui s'éveille, des habitudes, des façons d'agir normales chez l'être qui ne se sent pas encore à l'échelle du monde qui l'entoure... Il ne s'agit pas de richesses dont l'équivalent puisse être calculé en monnaie d'échange. Les trésors consistent en objets privilégiés. Ce n'est pas leur valeur marchande qui les rend précieux.* »

Cette longue citation ne nous écarte pas de notre propos. Elle le renforce en confirmant, à l'occasion de l'enfance, l'idée qui soutient ces pages et qui établit l'aventure pirate dans un territoire étrange à la vie ordinaire, hors du temps, hors de l'histoire, hors de la géographie – dans la dimension du surréel.

« *(Les trésors)*, dit encore Caillois, *entraînent leurs propriétaires dans le monde des aventures et des lointains, le guident sur l'étendue des mers vers la moins navigable et la moins explorée, la mer des Sargasses, cimetière flottant de navires, l'introduisent enfin dans les repaires fabuleux que cache au regard l'épaisseur des monts. Ils apparaissent comme des gages ravis à un univers auprès duquel la réalité est faible et pâle et dont ils gardent intacts la splendeur et le rayonnement. On dirait des braises ardentes d'un feu intérieur inépuisable, une neige magique rapportée des sommets inaccessibles et qu'on pourrait conserver sans qu'elle fondît. Tout se passe comme s'ils avaient le pouvoir de retenir en eux, en un faible volume et sous une terne apparence, une beauté, une force et un mystère qui n'existent que dans l'essence des éléments et qu'aux limites des contrées habitables. Ainsi, dans les mythologies rapporte-t-on de l'autre monde des objets puissants et peu concevables, les pommes d'or, l'oiseau bleu et l'eau qui chante. »*

On voudrait appliquer ces beaux textes aux forbans. La quête forcenée ne s'accomplit pas dans nos géographies. Le grand charroi des navires qui traverse les mers ne forme qu'une mascarade, un carnaval superbe et désastreux : sous ses masques et sous ses leurres se profilent d'autres figures. Le tonnerre des canons de la flibuste se répercute sous d'autres ciels que nos ciels visibles. On dirait qu'au regard d'hypnose des forbans, l'or qui luit dans les caches régénère la terre, l'enrichit d'un réseau de signes et de constellations, la restitue à l'ordre primordial que l'ouvrage des civilisations a embrouillé. Dans la transparence de nos mappemondes, les grimoires dessinent des golfes ignorés, des continents engloutis et des mers différentes. L'océan devient dédale où les bateaux perdus cherchent leur chemin comme on déchiffre une énigme.

> Bientôt ce sera la fin de tout; et il y aura
> un nouveau ciel et une nouvelle terre.
>
> L'APOCALYPSE

Les prises effectuées par les aventuriers tout au long de l'histoire sont gigantesques. Si les états de la Renaissance se résignent à tracer des réseaux de route à l'intérieur de l'Europe, c'est que les routes de la mer sont impraticables. Vers la même époque, on estime que les rapts pirates triplent le prix des marchandises transportées sur l'océan. Les chroniques dressent des listes fabuleuses de butins : des millions d'écus, de piastres, de doublons, de talents, de louis, de souverains, des monceaux de pierres et de diamants, des mines d'or et d'argent ont été divertis des circuits du commerce à ceux de la piraterie. Il est rare cependant qu'au terme de sa brève carrière, un forban meure riche. Les trésors passent dans ses mains et n'y résident pas. Une question se pose alors : que sont ces trésors devenus ?

L'avidité du pirate est infinie. Sa générosité est plus grande encore. Il dispose d'une capacité de gaspillage à donner le vertige. Incapable de thésauriser, il brûle tout ce qu'il ramasse. En 1666, l'Olonois investit la ville de

Maracaïbo, au Vénézuela. La cité est déserte mais les greniers sont pleins. La bande se livre à une fantastique ingestion d'aliments. Les Espagnols en profitent pour contre-attaquer. Les forbans interrompent la fête, écrasent les Espagnols et exigent une forte rançon. Puis, ils mettent le cap sur la Tortue et c'est une nouvelle bombance. Après quoi, raides de nouveau, comme des passe-lacets, il leur faut repartir en course.

Les flibustiers, dit la chronique, « prennent avec violence et répandent avec profusion ». Exmelin a décrit la manière dont les butins les plus fastueux peuvent disparaître en l'espace d'une nuit. Au retour d'un coup heureux, les forbans débarquent dans l'île de la Tortue ou dans les petits ports de Saint-Domingue avec leurs écus et leurs caisses d'objets précieux. La nouvelle se répand dans toute la région. Les truands convergent vers le port ; les cabarets ouvrent leurs portes ; les filles se précipitent comme des abeilles sur du miel.

On croirait que sont frappés les trois coups du théâtre de Saturne. Les pirates se travestissent des étoffes rares qu'ils ont découvertes dans les coffres. Un carnaval somptueux et goyesque se forme en un instant : crasseux et hirsutes, borgnes ou boiteux, voici les réprouvés revêtus d'oripeaux d'or et d'argent, le cou orné de pierreries, le corps voilé des mousselines et des soieries des princes. « En cet état, ils passaient chez les dames, de là chez les joueurs et se voyaient en fort peu de temps réduits à rien. » On buvait à en mourir, on bâfrait à s'ouvrir le ventre en deux, on utilisait les filles par douzaines. Nous savons que le forban, s'il est chaste à son bord, se déchaîne sur la terre ; Teach disposait de quatorze femmes en Caroline et en Géorgie. Il les prêtait à ses amis.

A Poole (Angleterre) au XVᵉ siècle, le pirate Harry Pay revient d'une expédition sur les côtes de Bretagne avec plus de cent navires capturés – de petits navires sans doute. La ville de Poole, qui est une riche place d'affaires, tombe dans la frénésie. *« Nombre de poinçons de bon porto et de barils d'eau-de-vie furent mis en perce... Si bien qu'il n'y avait plus un homme à jeun dans toute la ville et qu'on ne songeait plus aux affaires mais à boire et à s'esbaudir. »* Dix récits de ces fêtes pourraient être rapportés. *« En Irlande,* dit Mainwaring un peu plus tard, *les pirates trouvent toutes les commodités que leur offrent les autres lieux »*, y compris *« abondance de filles d'Angleterre, d'Écosse et d'Irlande qui les fréquentent et exercent une forte attraction sur les simples matelots ».*

Les pirates n'aiment pas jouir en solitaires. Leurs festivités mobilisent des hordes d'hommes et de femmes, dans les tavernes, et c'est par grosses qu'on se livre à la débauche. Le flibustier invite les étrangers à partager son bonheur, quitte à convaincre les timides, les tristes ou les continents par les moyens les plus désagréables. *« Dans ces occasions,* dit Exmelin, *mon maître achetait un tonneau de vin entier, le mettait dans la rue et forçait tous les passants à boire avec lui, menaçant même ceux qui ne consentaient pas à le faire. D'autres fois, il faisait de même avec des barils de bière ou d'ale; souvent des deux mains, il jetait ces liquides dans les rues et arrosait les vêtements des promeneurs sans se demander s'il gâtait leurs costumes, qu'il s'agisse d'hommes ou de femmes. »*

Ces descriptions d'orgies, dont le retour a quelque chose de monotone, jettent des clartés dans les épaisseurs de la mentalité pirate. Il faut convenir qu'elles procèdent d'usages assez courants dans ces époques : nous autres, civilisations repues et obèses, nous avons oublié la faim. Les époques classiques l'éprouvaient, et toutes les littératures, de Tom Jones aux Buddendrook et à Knut Hamsun, en gardent l'obsession. La capacité d'ingestion était à la mesure de la rareté des biens. Si d'aventure on tirait le gros lot et qu'on disposât d'un trésor, on abandonnait toute modération, l'excès devenait la règle. On se bourre parce qu'on est affamé. La frénésie pirate est pourtant d'une autre nature : la fureur avec laquelle les réprouvés anéantissent en une nuit le résultat de six mois d'efforts, d'astuce et d'horreur exige une explication moins évidente.

Ce qui nous entraîne du côté de certaines conduites primitives. Depuis Durkheim, il est avéré que la fête, chez les sauvages, a des fonctions déterminées. La fête des forbans mérite un traitement semblable. Elle évoque un thème que nous n'avons cessé de croiser dans notre recherche et qui est celui de l'âge d'or. Pour ces hommes dont l'exil est le lot, la consommation hallucinée d'aliments et de matières sans que compte soit tenu ni du passé (c'est-à-dire des peines qui ont préparé l'entassement des richesses) ni de l'avenir (c'est-à-dire du dénuement qui suivra) recrée le monde perdu de l'abondance dans lequel il n'y avait ni charrue, ni travail, ni contrainte. La fête ressuscite les temps primordiaux, ceux d'Hésiode, où l'on avançait la main pour cueillir les fruits de la nature. Pour ces raisons, l'orgie représente, plus peut-être que le combat lui-même, le temps fort du destin pirate : il en forme la justification essentielle. Il opère la démonstration expérimentale que la tentative prométhéenne du pirate n'est pas insensée : on peut en effet reconstituer, même pour le temps d'un éclair et dans les miroirs d'un théâtre d'ombres, les voluptés inépuisables du jardin d'Éden. Sans doute n'est-on pas dupe et l'on sait bien que la tentative est illusoire; le temps va refermer ses pinces un instant entrouvertes et le malheur règnera de nouveau; du moins aura-t-on produit une image dont les énergies métamorphoseront la suite des peines.

Il va sans dire que la bamboula pirate ne se signale pas par son raffinement. Teach et Morgan ne sont ni des princes de la Renaissance, ni des Athéniens recrus d'art et de poésie, ni des Byzantins. Les aventuriers sont de grandes bêtes sauvages. Leurs fêtes tirent du côté de Gargantua plus que du côté de ce Gabius Apicius qui explora toute l'Afrique non par passion géographique mais en vue de découvrir enfin des langoustes à son goût. Le projet du forban est à la fois plus rudimentaire et bien plus compliqué : pour le temps protégé de la fête, il faut que toutes choses revêtent le caractère de l'inépuisable. Peu importe que les femmes soient belles, c'est leur quantité qui importe et que les seins, les fesses, les chairs infiniment offertes et répandues assouvissent enfin ces inassouvis essentiels. L'orgie pirate est marquée de l'obsession de la quantité et ce trait nous fait plonger dans des strates très enfouies de la culture.

Le thème de la diminution en taille des hommes informe bien des mythologies. Il est lié à celui de la déchéance et de la dégénérescence du monde, donc à celui de l'âge d'or et des temps primordiaux. Dans le jaïnisme, la réduction atteint des proportions vertigineuses. Selon Hemacandra, l'homme des origines avait une stature de six mille pieds et sa vie durait cent mille purvas — un purva valant huit millions quatre cent mille ans. De telles longévités, des tailles pareilles sont assez rares mais le grand âge des personnages de la Bible, la présence des géants dans les contes et les fables, la description de leurs fabuleuses capacités de plaisir et d'absorption, tout cela enseigne que les hommes se tiennent pour les héritiers malingres et contrefaits des races splendides des commencements. Reconquérir, pour le temps de la fête, ces puissances, voilà ce qui inspire les pirates des Antilles. Ils n'innovent pas. Caillois nous rappelle qu'en Chine, pour les fêtes, « *on accumule des victuailles en monceaux plus hauts que des collines, on creuse des étangs sur lesquels on aurait pu faire tournoyer des bateaux* ». Et lors des Purim, à en croire le *Talmud,* il est prescrit de boire jusqu'à ne plus distinguer l'un de l'autre les deux cris de la fête : « Maudit soit Aman » et « Béni soit Mardochée ».

Un autre indice nous convie à interpréter l'orgie de la flibuste comme une caricature de fête sacrée. Celle-ci est rituellement isolée du contexte de la vie profane par deux périodes que l'on peut décrire comme du « temps vide », deux sortes de fossés creusés dans la durée, avant et après la fête, de façon que le temps profane ne puisse contaminer celui du sacré. La fête est donc précédée d'un jeûne et suivie de cérémonies purificatrices. Or, ces deux séquences ne sont pas absentes du rituel pirate, même si elles prennent des formes grossières et parodiques. Se saisir d'un navire ennemi par le combat, cela suppose que l'on a conservé la tête froide au prix d'une rigoureuse ascèse : on ne boit que modérément; on veille inlassablement sur l'océan à la recherche de la voile ennemie; on s'est totalement privé de femme afin de garder ses muscles en état. Puis, une fois la fête close, on procède à une manière de purification. Les pirates ont coutume, dit la chronique, de ne manger que de la chair de tortue afin d'évacuer les mauvaises humeurs dont on s'est rempli par l'orgie. Simples précautions d'hygiène alimentaire? Voire, comme dirait Panurge, cet autre adepte des grandes ingestions, et, du reste, si le *Coran* prohibe la viande de cochon, est-ce pour des motifs hygiéniques ou bien sacrés? La pensée pirate est une pensée primitive, résolument analogique. Tout phénomène dans l'ordre concret doit être entendu, par ses échos, dans des ordres différents.

La fête autorise à se conduire au rebours de la normale et les bourgeois de Bâle le montrent par leur carnaval. En ce sens, on peut dire que l'existence entière du pirate s'apparente à une fête puisque cette existence est sacrilège consenti, volonté farouche et transgression, défi et provocations résolus. Pourtant, dans ce destin consacré à la transgression, il est des instants plus chargés que d'autres en puissances négatrices. Le combat est l'un de ces moments. La fête permet aussi d'accomplir une plongée, par la transgression de l'humain, hors de cette vie dont l'étroitesse, la fragmentation et l'arbitraire ont paru intolérables au pirate et qu'il s'est juré de faire exploser comme un baril de poudre.

Si bien que l'orgie favorise une ouverture sur le seul temps que veuille considérer l'aventurier – délivré du quotidien. En ce chemin aussi, le pirate évoque d'autres voies que la sienne. Dumézil l'a établi avec force : la fête est une percée vers le « grand temps », vers un espace où les hommes s'arrachent au devenir pour accéder au réservoir des forces toutes-puissantes que constitue le temps primordial. Elle assure la résurrection des époques mythiques.

A ces rituels, cependant, les pirates ajoutent leur génie singulier. Dans un monde hiérarchisé, – qu'il soit primitif ou évolué – les fêtes obéissent à un calendrier. Elles se reproduisent à dates régulières sur le cercle de l'année – soit qu'elles commémorent, pour le régénérer, un événement mythique (naissance ou mort d'un dieu, etc.), soit qu'elles scandent et valorisent les moments de l'année où le temps linéaire laisse affleurer la trame de sa circularité (commencement du printemps, retour de tels ou tels travaux des champs). Or, le pirate est engagé plus que quiconque dans le désordre. Même le temps essentiel dont il éprouve la nostalgie avance en désordre, et sa circularité est bien cabossée. Les fêtes pirates sont alors vouées à ne rien commémorer du tout, ni événement primordial puisque cette peuplade est privée de mythologie, ni mouvement des saisons puisque les pirates ne sont ni bergers ni agriculteurs et que leurs activités ne sont pas réglées par le temps de la nature. Leurs fêtes tombent au hasard dans la circularité de l'année, à l'appel de ces événements historiques, aussi contemporains que réels, que sont leurs victoires navales. De sorte que par une nouvelle ruse de leur capricieuse organisation mentale, les forbans se débrouillent pour utiliser les aléas de leur propre histoire à opérer cette percée hors de l'histoire que ménage la fête.

Les réjouissances des forbans sont enfin placées sous le signe d'une vaste destruction. On anéantit le butin gagné. La fête se range au propos le plus fondamental de la vocation pirate. Ces hommes qui se déclarent les « ennemis du genre humain », quelle est donc leur fonction sinon d'abolir ce que font les hommes, de défaire ce que fait la civilisation? De cette tâche, ils s'acquittent au mieux dans la suite des jours mais l'orgie présente, de cette passion de l'anéantissement, le modèle paroxystique.

Or, nombreux sont les ethnologues, de Granet à Marcel Mauss, qui ont noté l'équilibre secret existant entre la dilapidation des richesses et l'espoir que cette dilapidation n'est pas vaine. La destruction doit être payée de retour. Elle crée un vide dans l'ordre du monde, un creux dans lequel viendra se loger une nouvelle récolte de biens, plus abondants et probablement d'une autre nature. La dilapidation se présente comme une tricherie, une ruse sacrée. On détruit pour assurer le renouvellement de la puissance génésique de l'univers et pour favoriser des cueillettes plus essentielles. Ces motivations obscures peuvent-elles avoir des équivalences chez les pirates? En tout cas, elles méritent d'être interrogées. Elles proposent une loi à la démesure ou à la déraison de leurs conduites. Nous avons parlé de l'enfouissement de l'or. C'est une antique intuition de la magie que celle de la germination des pierres précieuses et s'il est clair que les pirates n'ensevelissent pas leurs doublons dans l'espoir de les voir germer, qui sait s'ils n'en attendent pas d'obscures résurgences, en des lieux surprenants de leur destin? Qui sait s'il ne s'agit pas là des règles d'un jeu fantastique? Ce qui pourrait également fournir un sens à leur fureur constante de destruction comme à l'attirance morbide que le néant exerce sur leur vie : « *La fascination du néant*, écrit Éliade, *de la destruction — désir de reprendre la création à son origine. On ne peut recréer que si l'on commence par anéantir.* »

L'homme n'est pleinement homme que
quand il joue.

SCHILLER

Comme le pirate adore les fêtes, il joue tout le temps
et ce goût du jeu n'est pas plus frivole que son amour
des fêtes. Il nous fait descendre dans les galeries les
plus profondes de sa mentalité. Edward Teach, à énoncer même la règle du jeu, prend soin d'en marquer
d'abord la gravité : « *Faisons un enfer de nous-mêmes,*
dit-il à ses hommes, *et voyons qui pourra résister le
plus longtemps... Sur quoi, descendu dans la cale avec
quelques camarades et ayant fermé toutes les écoutilles
et le tillac, il mit le feu à plusieurs pots remplis de
soufre et autres matières combustibles, ce qu'il continua
au risque de les voir tous suffoqués et il n'ouvrit les
écoutilles qu'après que la compagnie eut crié pour avoir
de l'air, se glorifiant d'avoir été le plus courageux.* »
La manie de se déguiser est un autre jeu. Elle est
utilisée pour l'exercice du métier. Le travesti devient
une ruse de guerre. Le navire rebelle arbore le pavillon
d'une nation européenne, s'approche gentiment d'un
navire marchand, remplace au dernier moment le faux

pavillon par l'oriflamme noire et foudroie le naïf. D'autres fois, tous les coquins se portent sur les coursives, ils sont experts à prendre des poses molles et rassurantes, la fumée de leur pipe est si pacifique qu'on jurerait des marins de commerce. A l'inverse, il arrive que l'équipage tout entier se dissimule dans la cale tandis que le pilote zigzague piteusement sur la mer comme le ferait une embarcation à la dérive.

Le capitaine Davies, qui exploite les côtes de Guinée, illustre le talent carnavalesque de sa profession. Il se présente sous la figure d'un honnête commerçant, noue des relations avec les autorités et, comme il a du charme, il se fait inviter avec ses officiers chez les notables pour les piller au dessert. Son malheur fut de manquer de mesure et d'aimer l'humour. N'avait-il pas imaginé de prétendre que tous les officiers dont il était accompagné étaient des lords? Or, même sous leurs riches travestis, ces coquins avaient un peu de peine à se donner pour des membres de la gentry. Cela mit la puce à l'oreille d'un gouverneur portugais qui éventa la ruse. Il invita toute la compagnie à sa table et la fit massacrer par ses soldats.

Le jeu réglait enfin le châtiment des prisonniers. Les flibustiers qui pillaient les villes d'Amérique centrale obligeaient leurs captifs à jouer leur propre tête aux dés. La partie était assez animée. On songe une fois de plus à la Rome de la décadence. Sous certains empereurs, on donnait sur scène des pièces de théâtre où figuraient des suppliciés. L'esclave qui interprétait le supplicié était réellement mis à mort.

Toutes ces distractions peuvent être envisagées dans le cadre des catégories que Roger Caillois a définies pour sa belle théorie des jeux. On se souvient que ceux-

ci sont distribués entre quatre classes, parfois pana-
chées : jeu de compétition ou *agon*, jeu de hasard ou
alea, jeu de simulacre ou *mimicry*, jeu de vertige ou
ilinx. Par exemple, le défi porté par Teach à ses compagnons, dans la cale enfumée, est un jeu de compétition
augmenté d'un jeu de vertige puisque le soufre conduit
à un état d'ivresse et presque d'évanouissement. Obli-
ger les prisonniers à jouer leur tête aux dés est un jeu
de hasard, assorti encore de vertige. Il fait songer à la
roulette russe, compliquée du fait que le joueur n'a pas
choisi de jouer, ou plutôt que le jeu est pour l'autre,
pour celui qui ne joue pas. Les déguisements, les ruses,
sont des jeux de simulacres, etc.

Pourtant, en même temps que les divertissements
des forbans s'accordent avec le classement de Caillois,
ils les excèdent. Caillois reconnaît dans le jeu une activité libre, séparée, incertaine, improductive, réglée et
fictive. Or, le jeu pirate n'est ni séparé ni fictif. Il
communique presque toujours avec le reste de la vie
et se borne à en éclairer un moment. On s'aperçoit
qu'un mouvement constant conduit de la vie au jeu et
du jeu à la vie. L'exemple des parodies de justice, déjà
évoqué dans un autre chapitre, en est l'illustration.

Quel est le but de ces parodies de jugements ? Elles
veulent, en réléguant la justice au monde parallèle et
illusoire du mime, dévaloriser la justice, en ruiner les
éventuelles décisions, rejeter enfin dans l'imaginaire et
l'irréel une possible condamnation à mort. Or, il arrive
que cette tentative de conjuration échoue, non seulement en ce que la vie reprend ses droits sur le jeu —
par une vraie condamnation à mort — mais, bien plus
mystérieusement, en ce que le jeu se transforme en
réalité. Dans une île déserte de l'Atlantique, les pirates

du capitaine Antis se réfugient. Lassés de leurs longs voyages, ils ont envoyé au roi une requête en pardon. En attendant la réponse officielle, ils organisent sur leur rocher une parodie de justice. La réponse du roi arrive, elle est négative. Nos gens en prennent de l'humeur, leurs nerfs s'effondrent. La parodie de justice change alors de nature. Le faux jugement passe soudain du côté du vrai. Les pirates se jugent vraiment les uns les autres, un formidable règlement de comptes judiciaire liquide la bande.

Ces perversions dont souffre le jeu pirate peuvent être interrogées. Dans l'existence du forban, au contraire de la plupart des autres, le jeu n'occupe pas un espace réservé ni un temps exclu. Plus justement encore, c'est tout le destin pirate qui occupe un espace réservé et un temps exclu, c'est toute sa vie qui est un jeu. La vie du pirate obéit donc bien aux règles du jeu définies par Caillois, activité libre et séparée, mais à condition qu'on la rapporte à l'en dehors de ce vaste jeu, c'est-à-dire à la vie des autres hommes ou bien à l'histoire universelle. Le moment où le pirate joue à un jeu assorti de règles est donc un moment très singulier : au lieu que ce jeu se détache, comme pour nous, sur l'horizon du sérieux habituel à la vie, pour le pirate le jeu se détache sur l'horizon d'un jeu perpétuel. Le jeu réglementé est modèle réduit, emboîté à l'intérieur d'un plus vaste jeu. Cette *mise en abyme* remplit des fonctions plus obscures que celles du jeu ordinaire, elle devient la figure facilement maîtrisable et contrôlable de la fantastique partie, plus dangereuse, que le forban a engagée lors de son embarquement. Après tout, ce jour-là, que fait le pirate sinon de lancer les dés pour une terrifiante partie menée aux quatre coins de l'espace et du temps, contre le hasard, la société, la servitude ou la fatalité. Il n'y a pas, dès lors, à s'étonner que derrière les jeux des pirates apparaissent sans cesse, et comme par transparence, les configurations d'un autre jeu plus périlleux et dont l'enjeu n'est pas pour rire. A ce grand jeu, celui qui perd donne un gage qui est sa vie elle-même — exactement comme sont contraints de le faire, dans le jeu partiel, les prisonniers jouant aux dés. Le centre réel, à la fois des jeux partiels et du jeu global de l'existence pirate, est bien alors cette potence autour de laquelle tournoient, dans l'horreur et le désir, toutes les figures du ballet pirate. Ce qui confirme l'idée que se fait du jeu un autre philosophe, d'un talent naturellement plus tragique que celui de Caillois, Georges Bataille : *« Que le jeu finisse à l'instant où la vie et la mort sont en question, cela ne définit qu'une sorte de jeu, ou si l'on veut qu'une sorte de joueur : celui pour lequel une menace de mort coupe aussitôt l'attrait du jeu. Rien n'est plus ordinaire que cette paralysie du jeu qui résulte de la peur. Pourtant, je suis tenté de croire que le joueur authentique est au contraire celui qui met sa vie en jeu, que le jeu véritable est celui qui pose la question de la vie et de la mort... Loin d'être (...) contraire au jeu, le risque de mort est le sens d'une démarche qui veut justement que chacun de nous aille aussi loin qu'il peut dans le sens contraire de l'intérêt. »*

Et certes, Bataille tire ici un peu le jeu à soi, il le colore des ombres de mort dont toute sa pensée est obsédée. Mais le lien qu'il désigne entre la mort et le jeu est trop évident pour qu'on le puisse mettre en doute. Et un écrivain plus classique que Bataille, Huizinga, en parle en termes bien voisins : *« L'énigme,* dit-il dans *Homo ludens, révèle son caractère sacré, c'est-à-dire dangereux, dans le fait que, dans les textes mythologiques, elle se présente toujours comme une énigme sur la tête. En d'autres termes, la vie de celui qui répond est intéressée à la solution, elle constitue l'enjeu de la partie.* »

Ces textes se bornent à définir la vérité du jeu – et plus singulièrement pour nous, du jeu pirate. Mais on peut se demander pourquoi les pirates accordent des champs aussi vastes à l'activité ludique – au point d'y soumettre toute leur vie et c'est encore Georges Bataille qui nous suggérera la réponse : « *La* raison, dit-il, *est le contraire du jeu, elle est le principe d'un monde qui est le contraire exact du jeu, celui du* travail. » Ce qui logiquement entraîne l'homme qui nie le travail et la raison – ce qui est l'obsession exclusive du pirate – à verser du côté du jeu.

Pour Hegel, le maître est celui qui prend le risque de la mort à son compte. L'esclave est celui qui ne songe qu'à survivre et qui paiera cette survie de n'importe quel prix, admettant même pour échapper à la mort de travailler sous la contrainte – donc d'une certaine manière acceptant pour préserver sa vie de ruiner cette vie même. Et il est clair que le pirate, lui, a choisi le risque de mort contre un esclavage qui fait à ses yeux la condition terrienne. « *C'est de l'opposition,* commente Bataille, *entre l'attitude du jeu (ou risque de la mort) et celle de la peur de la mort (ou du travail sous la contrainte) que Hegel tire le concept dialectique de l'esprit humain.* »

Risque consenti, risque souhaité, et qui condamne le forban à ce jeu perpétuel dont toutes les passes s'accomplissent dans les banlieues de la mort.

Elle est retrouvée.
Quoi ? – L'Éternité.
C'est la mer allée
Avec le soleil.

RIMBAUD

Le noir est déjà la couleur du deuil mais ce n'est
pas assez pour les pirates et les emblèmes dont ils
barbouillent leurs pavillons répètent que la mort est
leur souveraine. Les seules ornementations que ce
peuple sans marbres ni légendes sut tirer de son hébétude forment les blasons d'une danse macabre. Le *Jolly
Rogers* décore les oriflammes d'un squelette tenant d'une
main un sablier tandis que son cœur est traversé d'une
flèche d'où coulent trois gouttes de sang. Et si le *Jolly
Rogers* cherche d'autres motifs, ce sera pour redire la
même certitude fruste et entêtée : un squelette dont
une main serre un *rummer* (bouteille de rhum) et
l'autre une épée. Un squelette portant une faux...
Cette mort est celle que l'on distribue. « *Dans la
République des pirates*, dit Exmelin, *celui qui commet
le plus de crimes était regardé parmi eux comme un
individu extraordinaire. Si avec cela il était distingué
par quelque emploi et qu'il eût du courage, certainement,
c'était un grand homme.* » En 1683, le marquis de

Duquesne, à la tête d'une escadre, expédie six mille boulets sur Alger, repaire barbaresque, et tue huit mille personnes. Celles qui survivent sont mécontentes, se soulèvent contre le dey et le remplacent par Hadj Hassan qui porte le nom de *Mezzo morte* car sa peau est blême. Ce *Mezzo morte* fait connaître à Duquesne que, si le bombardement se poursuit, la vengeance barbaresque sera d'une cruauté indicible. Duquesne s'obstine dans son idée. *Mezzo morte* se saisit du vicaire apostolique d'Alger, un vieillard du nom de Jean le Vacher, en charge un de ses canons et le tire sur l'escadre française. Il faut que vingt autres Français, résidant à Alger, fassent office d'obus pour que Duquesne lève le siège.

Ce trait est exemplaire de la férocité pirate. Pour beaucoup, le charme du métier est de donner carrière à tous les instincts de la mort. Le pirate Warde, dans l'Angleterre du XVIIe siècle, s'il pleure la bonne reine Elisabeth, c'est que sous son règne on pouvait « *chanter, jurer, rosser et tuer les hommes aussi librement que vos pâtissiers le font avec les mouches* ». Que Warde établisse au même niveau le plaisir de chanter et celui de tuer est assez surprenant.

Les aventuriers communiquent leurs mauvaises manières à leurs adversaires. En 1604, un navire espagnol, qui vagabonde dans la mer des Antilles, capture deux navires anglais, coupe les mains et les pieds aux hommes de l'équipage, les enduit de miel et les ligote à des arbres où viennent les butiner les mouches venimeuses. Les Malais coupent leurs prisonniers très lentement, durant des journées entières. Dans la flibuste, si un équipage est mécontent de son cuisinier, il arrive qu'il l'allume sur le pont « *pour voir le beau feu que toute sa graisse et sa crasse feront* ». Un marin ordinaire aura un traitement plus convenable à son état : on le hisse dans les vergues et le fracasse en le précipitant à plusieurs reprises sur le pont.

Ces litanies du mal sont atroces. Elles écœurent et elles engagent au mépris. Elles confirment en même temps que la piraterie se borne à reproduire, dans un style dégradé, les grandes scènes de l'histoire universelle. Dans la sphère du meurtre, cependant, les forbans n'égalent pas leurs prestigieux modèles. Amateurs doués et vraiment immondes, certes, mais ils sont instables, velléitaires et rapidement distraits. Un rien les comble Ils peuvent vous bricoler un assassinat par-ci, par-là mais ils sont impropres à organiser ces grands abattoirs que l'histoire fait fonctionner sans faiblesse ni repentir. Les foucades des forbans forment la dérision des puissantes industries de la mort que gèrent les civilisations. Teach ou Snow ne supportent guère la comparaison avec les professionnels qui traversent les siècles en allumant leurs brasiers, Gengis Khan et Napoléon, saint Dominique et Mahomet, Hitler et Staline, les Français, les Anglais, les Russes, les Américains, les Hollandais...

« Si l'on mettait sur le plateau d'une balance le mal que les purs ont déversé sur le monde et de l'autre le mal venu des hommes sans principes, dit Cioran, *c'est vers le premier plateau que pencherait la balance. Dans l'esprit qui la propose, toute formule de salut dresse une guillotine... Les désastres des époques corrompues ont moins de gravité que les fléaux causés par les époques ardentes. »*

Teach est bien plus méchant que saint Dominique, mais ce qui lime ses griffes est qu'il est radicalement inapte à l'enthousiasme. Au nom de quelle règle et pour quelle croyance tuerait-il? Si d'aventure il le fait, c'est par désœuvrement, par vilenie ou par lâcheté, non pour imposer son idée du bonheur aux malheureux qu'il aime. Les forbans massacrent parce que la mort est de leur famille; elle les enveloppe et l'air qu'ils respirent charrie des odeurs funéraires. Ils tuent comme ils meurent. Ils ne perçoivent pas grande différence entre la mort donnée et la mort reçue : « *Aujourd'hui vivants, demain morts*, dit Exmelin, *que nous importe d'amasser ou de ménager, nous ne comptons que sur le jour que nous vivons et jamais sur celui que nous aurons à vivre.* »

De cette intimité avec la mort, les signes sont infinis et ce livre a essayé de les dire. Les « gens de mer » aiment à plaisanter sur ce thème : « *Je deviens si maigre*, dit un pirate emprisonné, *que si cela doit durer longtemps, je crains que mon corps ne soit pas assez lourd pour tirer sur le nœud de la corde.* » Le comportement du forban, au moment du gibet, n'est pas moins éloquent. Étranger à la panique autant qu'au flegme, on le dirait absent et comme indifférent. Il exprime ses sentiments religieux mais ne se présente pas en pénitent. Sa dernière marche est d'une grande familiarité. Il n'est ni révolté, ni affolé, ni même étonné. Beaucoup sourient, comme Chateaubriand nous dit que mouraient les anciens Barbares. Et comment se fâcheraient-ils? A embrasser leur métier, c'est à la mort qu'ils ont fait allégeance, c'est à la vie terrestre qu'ils ont déjà donné congé. Le néant est leur maître et l'organisateur de leur démence, leur conviction, le sol où leur errance s'accomplit. L'instant où « *ils bénissent la terre avec leurs pieds* » ne peut être en relief des instants qui l'ont précédé.

Il convient donc d'entendre leur indifférence à la mort comme une indifférence extasiée. La mort est le chiffre de leur énigme. Elle énonce le résultat de l'équation que pose leur existence. Leur vie est si imbue de mort qu'elle n'est que dévoilement interminable de leur propre trépas. Celui-ci est purifié de son drame : il lève l'ultime voile avant l'engloutissement dans la vérité du monde.

Toute leur divagation s'accomplit dans une lumière crépusculaire et l'*azur* est bien du *noir* comme le savait Rimbaud. Le paysage où se déploient leurs prouesses scintille des clartés de l'exil et de la nuit. L'étendue liquide, sans fond et sans limite, sur laquelle ils croisent, n'est-ce pas la figure de l'illimité, comme est révérence au *rien* le refus de survivre dans une postérité ou le déni de sa propre naissance ? La mer est allégorie de l'éternité : sur ses moires s'effacent les apparences périssables, les regrets et toutes illusions. Le choix de l'océan nous dit que l'être du pirate est bien *être-pour-mourir*.

Si bien que les *gens de mer* ne tentèrent jamais de conférer noblesse à leur propre disparition. Leur pudeur est irréprochable. Le cri de l'Ecclésiaste paraît prétentieux si on le mesure à cette tristesse âcre et résolue qui gouverne leurs destinées. De toutes les grandes communautés guerrières qui ont encombré la terre, le piratariat est l'une des seules à n'avoir jamais imaginé de créer un ordre, de décerner des croix et des décorations. Cette sagesse, cette désolation nous touchent. Et si l'idée ne leur vint pas d'élever un monument à la mémoire du pirate inconnu, n'est-ce pas que tous les pirates sont inconnus et qu'ils ont choisi de mourir sans mémoire ?

« *Il n'existe probablement aucune société*, dit Lévi-Strauss, *qui ne traite ses morts avec des égards. Aux frontières même de l'espèce, l'homme de Néanderthal enterrait aussi ses défunts dans des tombes sommairement aménagées.* » Ce qui rejette les forbans au-delà des « *frontières de l'espèce* ». Si le capitaine Roberts demande à ses marins de jeter son corps à l'eau, après que la mort l'aura pris, dans ses habits de « Roi-soleil de la flibuste », c'est que Roberts est un malandrin snob, ses confrères n'ont pas l'imagination de réclamer de dignes funérailles.

Le pirate trépasse, on le balance à l'eau ou bien on l'abandonne aux sables et nul bouquet d'immortelles ne prolongera la légère buée que son existence déposa sur les mirages du temps. Cette culture sans cimetière est une culture résignée. Sans doute elle est une culture sacrée : les forbans ont choisi le néant ou la résurrection, non la confuse survie des épitaphes. La lumière désinfectée qui nimbe leur divagation éblouit les gloires babillardes de nos civilisations. Elle dit que nos tombeaux rusent avec le soleil et que le trépas, sur la terre et dans les terres de l'histoire, est sans traces. Ces embaumements, ces suaires, ces plaques d'or et ces roses écrasées, ces généalogies et ces chroniques, ces couleurs et ces floraisons dont les hommes masquent leur épouvante, les forbans connaissent qu'ils recouvrent la terre et le sang séché des cœurs. Ces vérités sont éclatantes et nous les détestons : au fond de toutes les Chartreuses, des moines arrosent les rosiers sur les tumuli où reposent leurs compagnons.

Alors, dans le miroir aveugle que nous tendent les pirates, les images de notre histoire vacillent. Elles pâlissent comme se décompose le théâtre rutilant dont les civilisations fardent leurs chagrins, comme se défait le long cortège qui relie les foules foudroyées de Babylone à l'atelier hagard de nos métropoles. Au regard englouti des morts des Caraïbes, l'histoire se peint comme une efflorescence, dans un monde « qui a commencé sans l'homme » et qui « s'achèvera sans lui ».

Que retenir de la longue saison pirate ? Ils ont dérivé un instant dans la beauté des choses, sous le poudroiement des lunes en allées, et ils sont morts. Ils furent épouvantables et fraternels, pervers ou compatissants mais leur noblesse fut de mourir sans vanités : leurs ossements ont été livrés aux sables et aux gouffres, quand leur mémoire s'inscrivait dans les calligraphies du néant. Ces archives de poussière, de cendres et d'os sont celles des abîmes, le vent de Dieu, déjà, les a dissipées. Là-bas, dans les confins de l'histoire, des hommes faibles et sauvages ont passé. De leurs repaires désertés nous reviennent les échos du vide : ils nous parlent du goût de néant, du goût d'éternité qui dévasta jadis quelques cœurs détestables ou généreux – inconsolés.

BIBLIOGRAPHIE

On ne saurait dresser l'inventaire de tous les livres qui traitent de la piraterie. La plupart des manuels d'histoire générale seraient à citer : nous avons ainsi eu recours à *La civilisation grecque,* de François Chamoux, à *La civilisation romaine,* de Pierre Grimal (Arthaud) pour la période antique, à la thèse de Fernand Braudel, *La Méditerranée et le monde méditerranéen* (Armand Colin) pour les Barbaresques. De même, toutes les histoires de l'âge classique évoquent les flibustiers, les boucaniers ou les forbans de l'Atlantique et du Pacifique.

Parmi les textes qui concernent plus directement la piraterie, on peut retenir deux types d'ouvrages : les témoignages, chroniques ou mémoires d'une part et les livres de synthèse historique de l'autre. Appartenant à la première catégorie, les documents suivants sont importants :

A.O. Exmelin, *Histoire des aventuriers flibustiers*. La première édition parut en 1684. L'ouvrage a été réédité par la suite. Une édition, présentée par Jehan Mousnier, a été publiée par les Éditions de Paris, en 1956.

Capitaine Charles Johnson, *History of the Pyrates* (2 tomes) *Kidd, Full account of the Actions of the late Famous Pyrate Capt. Kidd, by a Person of Quality* Dublin, 1701.

Père F. Dan, *Histoire de la Barbarie et de ses corsaires*. Paris, 1637.

Père Labat, *Nouveau Voyage aux Isles de l'Amérique*. Paris, 1743.

Capt. B. Sharp, *The Voyages and adventures of Capt. Bartt. Sharp and others, in the South Sea*. Londres, 1684.

Avery, *The King of Pirates, Captain Avery, Mock King of Madagascar*. In two letters. Londres, 1720.

Les ouvrages historiques consacrés aux pirates sont nombreux. On peut signaler les titres suivants :

Georges Rappeneau, *De la piraterie du droit des gens à la piraterie par analogie*. Arthur Rousseau, 1942.

Pierre Hubac, *Les Barbaresques*. Berger-Levrault, 1949.

La Roérie, *Navires et marins*. Rombaldi, 1946.

Jules Trousset, *Histoire illustrée des pirates, corsaires, flibustiers, forbans, etc., dans tous les temps et dans tous les pays*. Librairie illustrée, 1880.

Georges Villiers, *Pirates, flibustiers, négriers.* Grasset, 1934.

A.J. Villiers, *Pirates et aventuriers des mers du sud.* Traduit de l'anglais. Payot, 1932.

Deux auteurs méritent une attention particulière. Hubert Deschamps a écrit *Les Pirates à Madagascar* (Berger-Levrault, 1949) et *Pirates et flibustiers,* dans la collection *Que sais-je?* Quant à Philip Gosse, son *Histoire de la piraterie,* traduite en français aux éditions Payot en 1952, fait autorité.

Ouvrage imprimé sur presse CAMERON,
dans les ateliers de la S.E.P.C.
à Saint-Amand-Montrond (Cher)
en avril 1991

ISBN 2-228-88368-9

— N° d'impression : 820. —
Dépôt légal : avril 1991.

Imprimé en France